Alessandra Vasques

SER VOCÊ É
INEGOCIÁVEL

Liberte-se das expectativas alheias
e assuma o protagonismo da sua vida

Diretora
Rosely Boschini

Gerente Editorial Sênior
Rosângela de Araujo Pinheiro Barbosa

Editora
Rafaella Carrilho

Assistente Editorial
Mariá Moritz Tomazoni

Produção Gráfica
Leandro Kulaif

Preparação
Debora Capella

Capa
Humberto Nunes

Projeto Gráfico e Diagramação
Márcia Matos

Revisão
Bianca Maria Moreira

Impressão
Santa Marta

CARO(A) LEITOR(A),
Queremos saber sua opinião sobre nossos livros. Após a leitura, siga-nos no **linkedin.com/company/editora-gente**, no TikTok **@editoragente** e no Instagram **@editoragente**, e visite-nos no site **www.editoragente.com.br**. Cadastre-se e contribua com sugestões, críticas ou elogios.

Copyright © 2025 by Alessandra Vasques
Todos os direitos desta edição são reservados à Editora Gente.
Rua Deputado Lacerda Franco, 300 - Pinheiros
São Paulo, SP - CEP 05418-000
Telefone: (11) 3670-2500
Site: www.editoragente.com.br
E-mail: gente@editoragente.com.br

Este livro foi impresso pela gráfica Santa Marta
em papel pólen bold 70 g/m² em junho de 2025.

Dados Internacionais de Catalogação na Publicação (CIP)
Angélica Ilacqua CRB-8/7057

Vasques, Alessandra
  Ser você é inegociável : liberte-se das expectativas alheias e assuma o protagonismo da sua vida / Alessandra Vasques. - São Paulo : Editora Gente, 2025.
  160 p.

Bibliografia
ISBN 978-65-5544-610-4

1. Desenvolvimento pessoal I. Título

25-1289   CDD 158.1

Índices para catálogo sistemático:
  1. Desenvolvimento pessoal

NOTA DA PUBLISHER

Logo nas primeiras páginas do original que recebi, fui atravessada por uma certeza: esta obra não era apenas necessária – ela era urgente. Alessandra Vasques não veio com fórmulas prontas ou promessas vazias: ela chegou com verdade; com coragem; com um convite profundo para que o leitor pare de sobreviver no piloto automático e comece, finalmente, a habitar a própria vida com inteireza.

Vivemos em uma sociedade que nos molda para caber em padrões, que nos empurra a operar no automático, acumulando títulos, funções e conquistas, sem tempo para nos perguntar se essa é mesmo a vida que queremos viver. E é exatamente aí que Alê entra com força e sensibilidade: com coragem e clareza, ela nos ajuda a perceber quando e como nos perdemos de nós mesmos – e, mais importante, como voltar.

O que me fez apostar neste projeto foi o olhar de alguém que já guiou centenas de pessoas nesse processo de reconexão e que se recusa a aceitar que viver pela metade é suficiente. Alê tem a rara autoridade de quem vive o que ensina. Sua trajetória como mentora e palestrante é marcada por escuta profunda, acolhimento sem julgamentos e um compromisso visceral com a verdade – não a verdade do outro, mas a verdade que existe dentro de cada um de nós.

O maior valor desta obra está no espaço que ela cria: um espaço seguro para refletir, questionar, sentir e agir. Você encontrará aqui provocações transformadoras, ferramentas práticas e, acima de tudo, permissão. Permissão para se escolher, para se escutar, para se pertencer – com luzes, sombras e toda a complexidade que isso implica.

Ao longo das páginas, você será convidado a abandonar desculpas, a olhar nos olhos da sua dor e a transformar suas próprias verdades. Vai compreender por que é possível – e necessário – parar de buscar validação fora e assumir as rédeas da própria história.

É por isso que acredito que *Ser você é inegociável* será um marco na vida de quem o ler. Porque este livro é mais que leitura: é processo. É caminho. E é coragem.

Convido você a se permitir. A se habitar. E a viver com inteireza.

Boa leitura – com alma, com verdade, com você por inteiro.

ROSELY BOSCHINI
CEO e Publisher da Editora Gente

Dedico este livro a todas as pessoas que escolhem viver honrando sua verdadeira identidade.

Aos que decidem habitar-se de si, mesmo quando isso exige rupturas, silêncios e recomeços.

Aos que recusam vidas mornas e se lançam, com coragem, presença e sabedoria, na ousadia de viver uma história que seja inteira, autêntica e livre.

AGRADECIMENTOS

Minha vida é extraordinária, e eu reconheço isso. Não porque tudo seja perfeito, mas porque é repleta de pessoas que a tornam mais rica, mais intensa e mais significativa. E são elas que quero honrar aqui.

Arthur, Miguel e Mariah, vocês são, sem dúvida, as minhas maiores e mais preciosas criações. O amor que sinto por vocês transcende qualquer palavra.

Eduardo, sou grata por ter você ao meu lado. Seu amor, seu apoio incondicional e sua presença fazem cada passo de minha jornada ser mais leve, mais forte e mais especial.

Mãe, este livro só existe porque você sempre esteve ao meu lado, me apoiando e cuidando de cada detalhe enquanto eu me dedicava a ele. Seu amor e sua presença são fundamentais para que eu possa ser quem sou.

Pai, meu porto seguro, obrigada por ser esse alicerce firme, por cuidar de mim e dos meus com tanto zelo e amor.

Aos meus irmãos e às minhas cunhadas, que são presenças essenciais em minha vida, e a toda minha família, que, perto ou longe, vibra com cada conquista minha. Sintam-se abraçados em minha eterna gratidão.

Meus amigos, a vida ganha cores mais vivas com vocês. Agradeço a parceria, as risadas, as conversas que aquecem a alma e cada momento compartilhado, o que torna tudo mais leve e especial.

Meus mentorados, este livro foi escrito com base em tudo o que construímos, experimentamos e aplicamos em nossas mentorias.

Vocês são um grande presente. Obrigada por viverem comigo a minha missão.

Aos meus mestres e mentores, meu profundo reconhecimento por cada ensinamento, por compartilharem comigo sua sabedoria e por expandirem minha visão de mundo. Suas lições transformam minha vida e, consequentemente, a vida de todos aqueles que tenho o privilégio de impactar.

E um agradecimento especial a você, leitor, que tem este livro em mãos. Aqui há um pedaço de quem eu sou, e meu maior desejo é o de que, de alguma forma, ele contribua para quem você é. Que cada página desperte reflexões, provoque mudanças e o aproxime ainda mais de sua autenticidade.

E, acima de tudo e de todos, minha gratidão maior a Deus, que me guia, me fortalece e me abençoa todos os dias. Minha fé é minha raiz, e minha vida é uma forma de honrá-Lo.

SUMÁRIO

Prefácio 11

Introdução: Despir-se dos rótulos é descobrir-se por inteiro 13

Capítulo 1
Desconhecido de si mesmo 21

Capítulo 2
Como nos perdemos de nós mesmos 31

Capítulo 3
Seu maior poder está em ser quem você realmente é 43

Capítulo 4
Mergulhe em si mesmo 49

Capítulo 5
Questione suas verdades 63

Capítulo 6
Assuma as rédeas de sua vida 77

Capítulo 7
Construa pontes, não muros 91

Capítulo 8
Transforme pedras em degraus 103

Capítulo 9
Valorize a jornada 113

Capítulo 10
Pelos olhos delas 127

Capítulo 11
Celebre quem você se tornou 155

PREFÁCIO

Admito que senti um frio na barriga quando recebi o convite (e por que não dizer a responsabilidade?) de prefaciar um livro escrito por uma mulher que acredita no poder de outras mulheres, a começar por mim, mas foi exatamente por ter aprendido com ela a aceitar que tenho esse poder que não recusei esta oportunidade.

Alessandra Vasques (Alê para os íntimos) foi e ainda é a pessoa que sempre me recorda de meus conhecimentos e ressalta minha competência nos momentos em que me sinto profissionalmente insegura. Se esses momentos eram frequentes, deixaram de ser, porque Alê me ajudou a ver que sou, mais do que suficiente, o melhor que posso ser para mim e para aqueles ao meu redor. Eu tinha a vocação, mas não a segurança necessária para saber se deveria segui-la. Alê tem o poder e a sensibilidade de nos levar a ver a potência que existe dentro de nós, mas que ainda não havíamos descoberto. Suas palavras nos tocam tão profundamente que passamos a acreditar em nós mesmas.

Ensinamentos como "somos todas plurais" sempre me impulsionaram. Ao internalizarmos essa frase, permitimos a nós mesmas nos reinventar e mudar de rota quantas vezes forem necessárias no caminho de busca pelo autoconhecimento. Esse caminho é guiado pela compreensão e pela autocompaixão, traçado pelo sempre presente lembrete de que "mapa é mapa". *Spoiler*: a principal descoberta dessa cartografia emocional é a de que nenhuma história é comparável ou mais importante que nossa própria história.

Muitas outras mulheres, após o apoio especializado de Alê Vasques, resolveram tirar os planos do papel e transformar seus sonhos em realidade. Algumas até estão aqui neste livro e usarão a própria voz para confirmar o que estou dizendo.

E eu também estou aqui porque Alê me mostrou que, sim, sou capaz. Mais do que isso, participei das etapas de construção como uma leitora pioneira e privilegiada, acompanhando o nascimento deste livro, e, nesse processo, vários trechos me obrigaram a parar para refletir sobre cada palavra, meditando a respeito de cada emoção sentida. Saiba que estou honrada por compartilhar essas sensações com você que mergulhará nas próximas páginas.

Embora eu tenha aprendido que cada experiência é única, espero que você viva os vários momentos de reflexão que este livro me proporcionou. E que ele nos traga a urgência de assumirmos a autonomia para escolher nossos caminhos e o protagonismo de nossa própria vida.

Vivian Sbravatti
Tradutora, preparadora e revisora de textos

INTRODUÇÃO

DESPIR-SE DOS RÓTULOS É DESCOBRIR-SE POR INTEIRO

Filha, esposa, mãe, advogada, voluntária, bailarina, escritora, mentora, palestrante, empreendedora... Imprudente, impulsiva, possessiva, autoritária, teimosa, impaciente, bruta...

Mas o que mais eu sou? E preciso mesmo ser mais do que isso tudo? E mais importante: quem sou eu?

Essas perguntas ecoam em cada um de nós e nos levam a outras: somos apenas os papéis que desempenhamos, os adjetivos que nos impõem e as expectativas que carregamos? Ou há algo mais, algo essencial e único, que define quem somos?

Certamente há, e, para descobrir isso, precisamos nos conectar conosco, com nossa essência. A esse processo, damos o nome de "autoconhecimento", e é por meio dele que entenderemos que, por trás de todas as camadas que construímos para nos proteger – títulos, conquistas, *status* e a necessidade de validação –, existe algo imutável. Esse algo é quem de fato somos. No entanto, muitas vezes nos perdemos de nós mesmos, porque estamos imersos em uma sociedade que persegue a ilusão da perfeição, e essa busca constante nos afasta do que de fato importa: nossa autenticidade, aquilo que faz nossa alma vibrar, porque somos mais do que aparentamos ser.

Aprendi algo valioso com a Fabiane Maimone, autora do livro *Mapa da coragem*: "Segurança é quando encontro paz na minha decisão, e isso se torna uma convicção",[1] o que me faz concluir que, quando temos orgulho de nossa história, nos libertamos da comparação, da necessidade incessante de provar algo para o mundo, pois a segurança que buscamos nasce de dentro.

Estes são também tempos de questionamentos e redescoberta, e, muitas vezes, parece que as respostas estão fora do nosso alcance. Mas talvez o maior desafio esteja no hábito de viver no piloto automático, sem realmente enxergar – nem o mundo ao nosso redor, nem o que acontece dentro de nós. No cenário atual, com excesso de informações e distrações, é fundamental desenvolver a habilidade de discernir o que é relevante e deixar de lado aquilo que não importa. Só assim poderemos concentrar nossos esforços no que de fato faz sentido, trazendo clareza para decisões mais apropriadas e conectadas com nossos valores. Do contrário, permaneceremos distanciados do que somos e daquilo que queremos, sendo influenciados mais do que o necessário pelo meio que nos cerca e engolidos pelas demandas diárias.

Esse distanciamento nos afasta da essência e da força que temos para transformar nossa vida. Mas nunca é tarde para ajustar a rota. Sempre podemos escolher caminhar em direção ao que nos faz inteiros e livres. Não precisamos negar nossas conquistas ou nossos fracassos; podemos ressignificá-los e aprender a enxergar com mais intenção.

Reconheço, porém, que nada é tão evidente que não demande uma reflexão cuidadosa. A criação de uma vida plena e significativa não acontece por acaso; ela é fruto de escolhas intencionais e de um processo constante de autoconhecimento e amadurecimento, e a verdadeira realização não está em algo externo, mas na capacidade

---

[1] MAIMONE, F. **Mapa da coragem**: aprenda a ter coragem e transforme sua vida. São Paulo: Gente, 2022.

de criar algo que, além de nos trazer felicidade e satisfação pessoal, contribua positivamente para o mundo ao nosso redor. Por isso, minha missão é promover uma transformação significativa e duradoura: mostrar que o autoconhecimento é a chave para a liberdade, a clareza e o protagonismo. E meu papel é ser um canal de transformação, levando as pessoas a perceberem quanto são valiosas. Quero mostrar que podemos ampliar nossas competências e nos responsabilizar por nossas ações e omissões, que podemos deixar de ser reféns do medo ou da dependência e nos tornar líderes de nós mesmos.

É nisso que acredito.

Prazer, eu sou Alê Vasques, e meu objetivo é viver a minha essência, o que, para mim, é a natureza fundamental e intrínseca de cada pessoa, aquilo que a define como um indivíduo único e especial. Quando somos capazes de reconhecê-la e respeitá-la – em nós e nos outros –, criamos relacionamentos mais autênticos, promovemos empatia e construímos uma vida com mais significado.

Desde cedo, recusei-me a viver definida por rótulos. Sempre desejei uma existência plena, movida por propósito, liberdade e autenticidade. Essa inquietação me levou a embarcar na jornada mais transformadora que alguém pode viver: o autoconhecimento.

Ao longo de mais de vinte e cinco anos de trabalho voluntário, fui aos poucos descobrindo quem sou. Mas encontrar-se exige coragem, e o autoconhecimento é uma viagem profunda e, muitas vezes, visceral. Carl Jung escreveu: "Ninguém se torna iluminado por imaginar figuras de luz, mas sim por tornar consciente a escuridão".[2] Portanto, o autoconhecimento nos desafia a confrontar sentimentos que evitamos, encarar verdades desconfortáveis e aceitar as sombras

---

[2] JUNG, C. **Alchemical Studies**. Princeton: Princeton University Press, 1968. v. 13.

que fazem parte de nós. Eu sou luz e sombra. Sou erros e acertos, quedas e recomeços. Sou imperfeita, mas inteira. Acima de tudo, sou alguém que decidiu tomar posse da própria história, bancar suas escolhas e se comprometer com uma vida de verdade.

Meu objetivo é, portanto, inspirar pessoas a se conectarem profundamente com sua verdadeira identidade, honrando quem são com autenticidade, potência e consciência plena de seu valor e propósito. Quero que elas liderem a própria vida de modo intencional, ampliando o impacto que têm no mundo. Eu acredito no poder do autoconhecimento, na beleza única de cada indivíduo e no poder transformador que podemos gerar quando vivemos integrados com nossos valores. E acredito que, quando nos escolhemos, encontramos forças para transformar tudo ao nosso redor, e é isso que pretendo mostrar com este livro.

Porque viver com propósito não é um acaso, é uma decisão. E essa decisão só acontece quando você escolhe parar de sobreviver no piloto automático e começa a se apropriar da própria vida. Quando deixa de buscar validação externa e se compromete a ser leal à sua verdade.

Ao final da leitura, espero que você sinta a coragem de viver de maneira alinhada com sua essência e encontre o entusiasmo de criar uma vida significativa. Este é o legado que desejo deixar: um mundo onde cada pessoa viva com coragem, autenticidade e identificando aquilo que considera inegociável.

Mas este livro não é um manual nem contém uma fórmula mágica ou receitas prontas. É um chamado. Um chamado para que você se enxergue além dos rótulos que lhe foram impostos. Para que você embarque na jornada mais desafiadora e libertadora que existe: a de olhar para dentro e se (re)descobrir.

Viver com propósito não é um acaso, é uma decisão.

SER VOCÊ É INEGOCIÁVEL
@IDENTIDADEALEVASQUES

O que você encontrará são provocações, reflexões e ferramentas para que construa seu próprio caminho – um caminho mais autêntico, mais consciente, mais alinhado com quem você realmente é.

Você será confrontado com suas próprias verdades, desafiado a abandonar desculpas e encorajado a agir. Afinal, não basta se conhecer, é preciso se habitar.

O que o trouxe até aqui? O que o impede de ir além? Quem você é quando ninguém está olhando?

Se você estiver disposto a encarar essas perguntas com honestidade, já deu o primeiro passo.

O próximo?

Você decide.

CAPÍTULO 1
DESCONHECIDO DE SI MESMO

Acorda. Pega o celular. Checa as mensagens. Responde um e-mail. Corre para o banho. Café da manhã às pressas. Trânsito. Trabalho. Reuniões intermináveis. Cobranças. Exigências. Volta para casa exausto, talvez com tempo para algumas interações rasas com a família, talvez não. Um jantar rápido, uma rolagem infinita no *feed* das redes sociais e, finalmente, a cama.

Amanhã, tudo de novo.

Esse ciclo lhe parece familiar?

Para muitos, essa não é apenas uma rotina; é a única realidade conhecida. Um roteiro previsível, no qual os dias se repetem sem que se perceba. Com sorte, e muito esforço, às vezes se consegue um tempo e um pouco de energia para uma breve fuga dessa rotina, e mesmo isso parece ser uma obrigação; afinal, depois de tanto trabalho e dedicação, é nosso dever relaxar e nos divertir um pouco. Não é isso o que dizem?

Depois, voltamos à vida diária, rotineira, cujo ritmo é tão acelerado que não sobra espaço para nos perguntar se foi isso que realmente escolhemos. Se é que em algum momento fizemos alguma escolha. E nem mesmo conseguimos sentir que temos direito à insatisfação, já que temos uma família, um emprego, um teto, comida, bens e até mesmo nos divertimos de vez em quando – tudo o que disseram que é necessário para ser feliz. Mas, ainda assim, algo parece fora do lugar, como se nossa vida tivesse sido construída sobre bases que não são nossas. E estaríamos sendo ingratos e injustos com a vida por nos sentirmos vazios mesmo depois de ter conquistado tudo e ainda dispor de alguma energia para correr atrás de mais e mais.

Então, o que mais poderia estar faltando?

Vivemos na era da exaustão silenciosa. Um tempo em que se espera que estejamos sempre ocupados, sempre produtivos, sempre correspondendo às expectativas externas. Mas a que custo?

A custo de uma geração que se sente vazia mesmo quando aparentemente tem tudo. A custo de um mundo onde as pessoas trabalham mais do que nunca e, ainda assim, apenas 23% dos trabalhadores globais se sentem engajados no que fazem, segundo um estudo da Gallup.[3] Um mundo onde o desinteresse e o esgotamento não são exceção, mas a norma.

Não estamos só cansados. Estamos desconhecidos de nós mesmos. Distantes da nossa essência, dos nossos desejos reais, daquilo que nos faz sentir vivos. Presentes, mas ausentes. Vivos, mas sem sentir que estamos vivendo. Estamos vazios.

NO PILOTO AUTOMÁTICO

A grande armadilha da vida moderna é o piloto automático, pois, quando ele está no comando, não nos é permitido desviar o

---

[3] GALLUP. **State of the Global Workplace**: 2024 Report. Washington, D.C.: Gallup, 2024. Disponível em: www.gallup.com/workplace/349484/state-of-the-global-workplace.aspx. Acesso em: 10 abr. 2025.

caminho, seguir uma paisagem que nos tenha chamado a atenção ou simplesmente abortar tudo e recomeçar a viagem.

Vivemos dias pré-programados, nos quais escolhas são feitas sem intenção, muitas vezes movidas por opiniões alheias à nossa, suposições baseadas em fatores externos que nem mesmo nos dizem respeito.

Você escolheu seu trabalho, sua rotina, seu estilo de vida com plena consciência? Ou apenas seguiu o caminho que parecia mais seguro, mais esperado, mais conveniente?

Quando fazem essas perguntas a si mesmas e as respondem com sinceridade, muitas pessoas percebem que estão vivendo uma vida que não escolheram conscientemente. O cargo que ocupam, o relacionamento que mantêm, a cidade em que moram, o modo como passam os dias... Tudo foi sendo construído sobre expectativas externas, padrões sociais e medos invisíveis, forças que sempre tentarão atuar sobre todos com o pretexto de normatizar condutas; afinal, tudo é mais suscetível de ser dominado quando há alguma homogeneidade que não traga surpresas. Ou seja, aquilo que foi moldado cabe perfeitamente no molde preexistente.

Mas nem todos abrem os olhos para ver. E nem precisam, pois o piloto automático sabe o caminho que foi determinado, quase sempre por alguém que não nós mesmos. Somos passageiros, não comandantes. Assim é mais cômodo, podemos observar a paisagem que passa, mesmo que ela não tenha nada a ver conosco. Podemos até dormir durante a viagem, cujo destino nem mesmo sabemos se é algum que de fato escolheríamos.

Este é o problema de aceitarmos estar sob o comando do piloto automático: ele vai nos levando, seja para onde for, cada vez mais longe, nos distanciando inclusive de nós mesmos. Ele nos convence a tomar decisões sem refletir sobre elas, aceitar um cansaço que não deveria ser normal, nos conformar com uma rotina que não nos nutre.

E quando finalmente, por algum motivo, paramos para pensar, percebemos que não sabemos mais quem somos. Sabemos apenas que estamos em algum lugar que não reconhecemos como nosso, aceitando condições com as quais não concordaríamos se estivéssemos preenchidos do calor apaixonante de poder fazer as próprias escolhas; aquele calor que já tivemos em algum momento, mas foi se tornando mais brando conforme fomos deixando as demandas da vida nos engolirem.

Essa vida morna não chega de repente. Ela se infiltra sorrateira. No começo, são pequenas concessões. Aceitamos um trabalho que não nos motiva porque parece ser a escolha mais segura. Mantemos relações que não nos fazem bem porque temos medo de ficar sozinhos. Ignoramos incômodos internos porque a rotina exige que sigamos em frente. Não há um grande choque que nos paralisa; há apenas a soma de todas as vezes que escolhemos não mudar.

Até que, um dia, olhamos para trás e percebemos que nos tornamos meros espectadores de nossa própria existência. Isso quando não da existência dos outros. E então somos tomados pela insatisfação.

Se essa insatisfação tivesse um nome, seria *desconexão*. Desconexão de quem somos, do que queremos, do que nos faz sentir vivos. E muitas vezes, estamos tão inseridos em uma vida que não nos pertence verdadeiramente, que nem sabemos dizer a nós mesmos o que queremos e quem somos. Desse modo, perdidos entre o que vivemos e o que nem mesmo sabemos que queremos viver, somos invadidos pelo vazio.

O vazio é potente e, paradoxalmente, nos preenche. Ele nos preenche com um nada que não tem superfícies às quais nos agarrar.

O vazio não é o novo, é a ausência de qualquer vontade e de qualquer possibilidade. Mas podemos voltar ao que é antigo, porque ele, pelo menos, é palpável. E esse antigo, isso que existia antes do vazio, era a insatisfação.

O grande problema do vazio é que ele nos obriga a preenchê-lo. E, como não sabemos como fazer isso com qualquer coisa que seja realmente para nós, pois não a experimentamos, voltamos àquilo que já conhecemos, ao que está do lado de fora, mesmo que não nos satisfaça: mais trabalho, para nos sentirmos úteis; mais conquistas, para nos sentirmos reconhecidos; mais consumo, para disfarçar o que falta por dentro.

No entanto, nenhuma dessas coisas resolve a questão central. Nenhuma delas cessa a insatisfação, muito menos preenche o vazio. E essa é uma verdade difícil de encarar. Porque ninguém gosta do que sente ao perceber que passou a vida desejando alcançar um ideal que, quando finalmente foi conquistado, não trouxe a satisfação esperada. O cargo alto, a casa dos sonhos, a viagem perfeita... tudo isso foi alcançado, e, ainda assim, a sensação de que algo está faltando persiste.

Porque o que falta não é algo de fora, é algo de dentro.

QUANDO FOI QUE VOCÊ PAROU DE SE SENTIR VALIOSO?

O mundo nos ensina a medir nosso valor pelo que fazemos. E ele é um professor duro, que nos obriga a cumprir metas, às vezes até nos premiando para nos convencer de que somos mesmo muito valorosos por termos aprendido direitinho a lição. Assim, nossa produtividade nos eleva ao *status* de alguém valorosamente incansável, nossa utilidade nos concede medalhas por sermos tão fundamentais, e nossa performance serve de prova de que sabemos o que estamos fazendo – mesmo que seja algo que não escolhemos fazer.

Mas e se nosso valor não estiver em nada disso?

De fato, não está. Para constatar isso, basta perguntar a uma criança se ela sorri mais ao saber que seus pais são admirados na empresa que trabalham ou ao vê-los chegando em casa.

Muitas pessoas nem mesmo percebem que estão acomodadas a uma vida que não amam, e isso acontece porque, no fundo, elas não acreditam que mereçam mais. Elas geralmente nem percebem que não amam a vida que vivem, convencidas de que, na verdade, devem ser gratas por tudo o que têm, mesmo que esse tudo não seja nada além de um sonho sonhado por outras pessoas. Aceitam menos porque foram ensinadas que isso é o suficiente para elas por serem quem são. Anulam-se em relações porque acham que precisam provar o próprio valor para conseguirem ocupar o espaço que lhes caberia. Esgotam-se no trabalho porque cresceram ouvindo que descanso é sinônimo de fraqueza, sem perceber que, se estão fracas, é porque foram enfraquecidas pelas demandas e pelos desejos que não lhes pertencem e nem mesmo lhes interessam.

E, assim, sem notarem, vivem uma vida pequena demais para o tamanho do que poderiam ser.

No livro *A última grande lição*, de Mitch Albom, em um dos brilhantes diálogos, o professor Morrie diz: "Não importa onde vivamos, o maior problema do ser humano é a miopia intelectual. Não enxergamos o que podemos ser".[4]

---

[4] ALBOM, M. **A última grande lição**. Rio de Janeiro: Sextante, 2018. p. 125.

O problema não é a falta de tempo, dinheiro ou oportunidades. Mesmo que os outros meçam nosso valor tendo como parâmetros essas faltas, ainda assim, será uma medida imprecisa, por estar medindo o que é valioso para eles, e não para nós. O verdadeiro problema é termos perdido a própria identidade no meio da pressa, da produtividade e da necessidade de se encaixar onde, provavelmente, não caberíamos se fôssemos nós mesmos. E, quando perdemos a própria identidade, nos tornamos vítimas ainda mais fáceis daqueles que querem que sejamos o que eles acham que devemos ser. Xeque-mate!

A boa notícia é que a vida não é um jogo de xadrez, e, enquanto há vida, há tempo para recomeçar. O primeiro passo é saber que você é valioso devido àquilo que você é, e não àquilo que os outros querem que você seja.

SENTIR E AGIR

Se alguma coisa dentro de você lhe diz que há algo errado, é porque há. Você, e apenas você, é a pessoa certa para detectar do que se trata e se mover em direção à solução necessária. Alguma ajuda nesse processo pode ser bem-vinda, e é isso que estou lhe oferecendo aqui. No entanto, o movimento válido só pode ser iniciado por você.

E agora eu lhe pergunto: sabendo disso, tendo essa consciência, o que você fará? Qual será seu próximo passo?

Porque somente reconhecer o problema não basta. A mudança começa quando você decide que não mais se contentará com menos do que a vida pode lhe oferecer.

Nos próximos capítulos, aprofundaremos esse processo. Entenderemos por que você se desconectou de si mesmo e, principalmente, como iniciar essa (re)conexão.

Porque a vida não deve ser apenas suportada. Ela deve ser vivida. Isso é uma questão de escolha, e essa escolha começa agora.

CAPÍTULO 2

COMO NOS PERDEMOS DE NÓS MESMOS

Se há algo em comum entre as pessoas que vivem no piloto automático, é a sensação de que não sabem como chegaram aonde estão. Não houve um grande momento de ruptura, uma decisão consciente de abrir mão de si mesmas. Foi algo gradual, imperceptível, sutil. Como uma maré que vai recuando pouco a pouco até que, quando se percebe, a faixa de areia da praia está bem maior.

Em outras palavras, a desconexão com quem somos não acontece de uma só vez. Ela se infiltra nas entrelinhas da rotina, nos hábitos que construímos sem questionar, nas regras que seguimos sem perceber que não concordamos com elas e que poderíamos recusá-las. Ou seja, nos afastamos de nós mesmos não por uma escolha deliberada, mas pela soma das escolhas que nunca fizemos conscientemente, pelo acúmulo de desejos alheios que foram jogados sobre nós e aceitamos.

Mas o que nos trouxe até aqui? Por que nos tornamos coadjuvantes de nossa própria história?

A resposta não está em um único fator. Vivemos imersos em um sistema que nos afasta da nossa essência de múltiplas formas. Algumas são evidentes, como a sobrecarga de trabalho e as pressões sociais. Outras são mais sutis. Por exemplo, a ilusão de controle, a comparação, o excesso de distrações mascarado de entretenimento.

Neste capítulo, olharemos para essas forças invisíveis que nos conduzem ao esquecimento de quem somos. Porque entender as causas não é apenas um exercício intelectual; é o primeiro passo para retomar o protagonismo da própria vida.

SOBRECARGA DE INFORMAÇÃO

Vivemos na era do excesso. Nunca antes tivemos tanto acesso à informação, e, paradoxalmente, nunca estivemos tão distantes do que de fato importa. A atenção, que deveria ser um recurso interno valioso, se tornou um bem disputado por algoritmos, empresas e plataformas.

Um estudo publicado pela Universidade da Califórnia em San Diego e divulgado no relatório *How Much Information?* em 2009 estimou que, em média, as pessoas nos Estados Unidos consumiam cerca de 34 gigabytes de conteúdo e 100 mil palavras de informação em um único dia.[5] Para chegar a essa conclusão, a pesquisa analisou o fluxo diário de informação para consumidores norte-americanos, incluindo televisão, rádio, internet, videogames e outros meios de comunicação. O objetivo do estudo era avaliar o impacto da mídia digital no consumo de informação diário das pessoas. E veja bem, isso em 2009! Imagine como estamos agora – quinze anos depois! – e como estaremos nos próximos anos, considerando a velocidade com que cresce a quantidade de informações que recebemos.

---

[5] RAMSEY, D. UC San Diego Experts Calculate How Much Information Americans Consume. **UC San Diego Release**, 9 dez. 2009. Disponível em: https://library.ucsd.edu/dc/object/bb45115878/_1.pdf. Acesso em: 11 abr. 2025.

A todo momento somos bombardeados com novas mensagens, notificações, atualizações. Nosso cérebro, que evoluiu para processar um volume limitado de informações por vez, agora tenta lidar com um fluxo incessante de estímulos. Isso significa que nossa mente está sobrecarregada, tentando processar mais dados do que consegue. E muitas vezes as informações se contradizem. Hoje o ovo é o herói, amanhã ele será o vilão. Piores ainda são as fontes, que nem sempre são confiáveis, o que exige de nós um maior bom senso e capacidade de análise na hora de escolher consumir ou não determinada informação. Depois, ainda precisamos filtrar o que manteremos em nosso HD mental e o que tentaremos excluir, mas seguirá arquivado em alguma pasta esquecida em um canto de nossa mente, entulhando nosso cérebro. E, ironicamente, quanto mais informações consumimos, em vez de nos tornarmos mais esclarecidos, mais nos tornamos ansiosos, inseguros e indecisos.[6]

Esse entulhamento do cérebro, que trabalha de modo incansável para comportar toda essa enxurrada de informações, acaba diminuindo nossa capacidade de processá-las. E não só isso, porque, mesmo que sejamos capazes de processar tudo, não o fazemos, porque temos de partir em busca da próxima informação, ou simplesmente a recebemos sem mesmo querer.

A consequência é o estresse crônico. Quando vivemos sob pressão constante, seja física ou mental, e sendo bombardeados por todo tipo de informação, nosso corpo e nossa mente operam no modo de sobrevivência. O foco se reduz àquilo que é imediato, ao

---

[6] MARTINO, L. M. S. A era da infoxicação. **SESC São Paulo**, 29 maio 2024. Disponível em: www.sesccsp.org.br/editorial/a-era-da-infoxicacao/. Acesso em: 9 abr. 2025.

que precisa ser resolvido agora. Isso impede qualquer aprofundamento, qualquer reflexão que nos leve a entender o que queremos e o que faz sentido para nós. Nosso tempo de reflexão se dissolve na pressa. A capacidade de ficar em silêncio, de simplesmente pensar, se torna rara. A profundidade dá lugar à superficialidade. Nós nos acostumamos a consumir, mas não a integrar. Ficamos dispersos, exaustos e desconectados de nós mesmos.

O resultado? Vivemos em constante distração, mas chamamos isso de produtividade. Perdemos a habilidade de nos ouvir porque estamos sempre ouvindo algo externo. E quando não há mais conexão interna, a única coisa que resta é a sensação de estar perdido.

A ILUSÃO DAS REDES SOCIAIS E O JOGO DA COMPARAÇÃO

Somos criados em um mundo que se utiliza muito de comparações. Desde cedo, somos avaliados, medidos e classificados – seja na escola, nas redes sociais ou nas interações do dia a dia –, e, não raro, a régua de aferição são os outros, as características dos outros, as conquistas dos outros. Assim, sem percebermos, aprendemos a olhar para o outro como referência, como se fosse o padrão que precisamos alcançar. Mas há um grande problema nisso: a comparação não diz respeito ao outro, mas a você e, geralmente, ao que você acredita que falta em si mesmo.

Quando nos comparamos, estamos medindo nossa vida com base em um padrão que não é nosso. Nesse processo, algo essencial é perdido, a conexão com nossa própria identidade, e é aí que a comparação se torna tóxica, porque ela não nos impulsiona para um lugar genuinamente nosso. Em vez disso, ela gera sentimentos de inadequação, ansiedade ou paralisia. Se, ao olharmos para o outro, sentimos que nunca somos o suficiente ou que precisamos sempre provar algo a nós mesmos, então temos um problema, porque assim estamos desvalorizando nossas próprias conquistas e ignorando nosso próprio progresso. O foco deve estar em nosso crescimento, e não na necessidade de atender a expectativas externas.

Tentar ser como outra pessoa só serve para atrofiar nossa alma, e estamos aqui para expressar quem somos. Quando nos rotulamos ou permitimos que outros o façam, nós nos confinamos a categorias que ignoram nossa complexidade e individualidade. Somos muito mais do que uma soma de características ou comportamentos. Somos contradição, mudança, possibilidade…

Os rótulos nos aprisionam, nos fazem acreditar que precisamos caber em moldes predefinidos. Quando nos comparamos com outros, reforçamos esses limites. Além disso, nós nos esquecemos de que vemos apenas uma fração da vida do outro, geralmente aquela que ele escolhe mostrar, porque ninguém quer mostrar o seu pior, ainda mais hoje, com a exposição constante nas redes sociais com imagens de pessoas que parecem ter a vida perfeita: carreiras de sucesso, corpos impecáveis, relacionamentos apaixonados, viagens cinematográficas e uma maternidade exemplar.

Antes, nossa referência era limitada ao que víamos ao nosso redor – amigos, colegas, vizinhos. Hoje, com um toque na tela, somos expostos à vida de milhões de pessoas ao redor do mundo. Não qualquer vida, mas a versão curada, editada e filtrada do que elas querem mostrar.

O foco deve estar em nosso crescimento, e não na necessidade de atender a expectativas externas.

SER VOCÊ É INEGOCIÁVEL
@IDENTIDADEALEVASQUES

O problema? Muitas vezes, não sabemos diferenciar realidade de narrativa. E assim, nos medimos contra padrões irreais.[7]

Se alguém posta sua rotina perfeita, nos sentimos insuficientes. Se vemos conquistas extraordinárias, nos apressamos para não ficar para trás. Se a vida do outro parece estar em constante evolução, a nossa parece estagnada.

A comparação nos leva a duas direções: ou sentimos que nunca somos bons o suficiente, ou tentamos compensar correndo mais, fazendo mais, nos provando mais. Mas não há linha de chegada. Quanto mais tentamos nos igualar a um ideal, mais esse ideal se afasta.

E o que acontece quando estamos sempre olhando para fora? Começamos a viver em função da validação externa, esquecendo que o verdadeiro critério deveria ser interno.

Se há uma causa central para a desconexão com nossa essência, esta é uma das mais poderosas: quando passamos a medir nossa vida pela régua dos outros, inevitavelmente deixamos de ser protagonistas de nossa própria história.

A CULTURA DO RESGATE

O tempo parece estar cada vez mais curto. Mas será que realmente temos menos tempo, ou estamos apenas preenchendo cada espaço livre com novas obrigações?

---

[7] REALIDADE x ficção nas redes sociais – Especialistas falam sobre impactos para a saúde mental. **O Tempo**, 7 jul. 2022. Disponível em: www.otempo.com.br/canal-o-tempo/realidade-x-ficcao-nas-redes-sociais-especialistas-falam-sobre-impactos-para-a-saude-mental-1.2695736. Acesso em: 15 abr. 2025.

Vivemos de acordo com um modelo de produtividade que exige alta performance constante. A lógica é clara: quanto mais fazemos, mais valiosos nos tornamos. E não se trata só de trabalho.

Mas essa conta não fecha, porque não há horas suficientes em um dia para que possamos dar conta de tudo. Até porque não basta fazer, é necessário fazer de modo que o resultado beire a perfeição.

Nessa dinâmica, a exaustão, que deveria ser um sinal de alerta, se tornou um troféu. Estarmos exaustos é a prova de que nos encaixamos no esquema da corrida permanente. Talvez agora até mereçamos um tempo só para nós. Ou talvez não, porque não há espaço para distrações, pois elas podem nos trazer algum alívio – o que nos distanciaria do *burnout*, que se tornou um marco de realização. E o descanso passou a ser visto como desperdício de tempo e até motivo de vergonha e de sentimento de culpa.

Mas há um preço a ser pago por essa corrida desenfreada: quanto mais nos doamos para cumprir expectativas externas, menos sobra de nós mesmos. E quanto menos há de nós, menos podemos nos doar para atender as tais expectativas externas. Então nos sentimos culpados e passamos a nos doar mais, o que nos deixará ainda menos para nós. E assim vai e vai, e vai.

Nesse ponto, já estamos completamente desconectados de nós mesmos. Não porque queremos, mas porque nos esgotamos tanto na tentativa de corresponder, que esquecemos de nos perguntar se era isso mesmo que queríamos.

O MEDO DA PAUSA E A ILUSÃO DO CONTROLE

O silêncio assusta. A pausa incomoda. Porque, no momento em que tudo desacelera, o que havia sido negligenciado começa a emergir.

Muitas pessoas evitam parar não porque amam a correria, mas porque têm medo do que encontrarão quando tudo estiver quieto.

Em vez de lidar com essa inquietação, buscamos controle. Tentamos planejar cada detalhe da vida, eliminar incertezas, prever todas as variáveis. Mas o controle absoluto não existe, e a tentativa de alcançá-lo nos torna prisioneiros da ansiedade.

A verdadeira segurança não está em prever o futuro. Está em aprender a confiar em si mesmo, independentemente do que aconteça. Mas isso só é possível quando existe conexão interna. E essa conexão não surge no ruído. Surge no silêncio.

VALE QUANTO PESA?

No fundo, todas essas causas convergem para uma questão essencial: em que momento começamos a acreditar que não somos o suficiente?

Porque a crença que invade nossas certezas é a de que precisamos ser mais, fazer mais, ter mais para sermos dignos a quaisquer outros olhos que não os nossos. O que nos faz entrar no círculo infinito de desconexão.

As causas desse deslocamento de nós mesmos podem ser diferentes para cada um. Pode ter se originado na infância, ao perceber que o amor vinha acompanhado de performance. Ou na adolescência, ao descobrir que pertencer exigia concessões. Talvez na vida adulta, ao notar que a aprovação dos outros parecia ter mais peso do que a própria voz.

Mas, independentemente de quando isso começou, há algo que deve ser dito: essa crença não é sua. Ela foi ensinada, imposta e reforçada.

SE A CAUSA É A DESCONEXÃO, A SOLUÇÃO É A RECONEXÃO

Agora que entendemos quais são os mecanismos que provocam esse afastamento de nós mesmos, surge a pergunta inevitável: o que temos de fazer para voltar?

A resposta não está no passado. Não está no que foi perdido. Está na decisão que você pode tomar agora.

O próximo capítulo não traz promessas vazias, mas sim possibilidades que dependem de você. Porque o caminho de volta para si mesmo existe, e ele começa no momento em que você escolhe trilhá-lo.

CAPÍTULO 3

SEU MAIOR PODER ESTÁ EM SER QUEM VOCÊ REALMENTE É

Existe uma força inegociável em ser quem se é. Uma potência que não vem de títulos, validações externas ou conquistas materiais, mas da conexão profunda com aquilo que é essencial, autêntico dentro de nós. E essa conexão é indomável, porque é ela que permite o habitar-se de si.

Habitar-se de si é mais do que uma ideia ou um conceito; é um chamado. O chamado para retornar ao que sempre esteve em você, mas foi silenciado pelo excesso de ruído externo, pelas exigências do mundo, pelas camadas de condicionamento que nos ensinam a ser tudo, menos nós mesmos.

Não há solução verdadeira para uma vida sem propósito que não passe por esse caminho, pois é ele que leva ao autoconhecimento. E o autoconhecimento não é um luxo, não é uma teoria distante e inatingível, não é algo que pode ser deixado para depois. É a base sobre a qual tudo se sustenta. Porque sem ele vivemos à deriva, e com ele construímos uma existência que faz sentido.

HABITAR-SE DE SI: O RESGATE DA ESSÊNCIA

A vida que desejamos não está em algum ponto distante do futuro. Ela já existe, aqui e agora, dentro de nós. Na verdade, ela sempre esteve aqui, porque os desejos são os elementos que nos movem em direção ao amanhã. Eles são nossa força motriz. Desejamos estar aqui no dia seguinte, e é esse desejo primordial que nos motiva a fazer o que for necessário para atingir esse objetivo. E desejamos estar aqui de um modo que faça sentido para nós, e não necessariamente para os outros. Ou pelo menos deveria ser assim se, de fato, nos habitássemos de nós, se não estivéssemos presos pelas correntes que nos mantêm incapazes de rumar de volta à nossa verdade.

É isso que significa habitar-se de si. Apropriar-se de nossa história sem medo. Olhar para dentro e enxergar tanto as forças quanto as sombras, sem filtros, sem fugas, sem a necessidade de corresponder a padrões externos. Ir em busca do que ainda está por vir tendo o poder de escolher o caminho que queremos seguir. Porque nossa história tem de ser contada, e quem deve escrevê-la somos nós, conhecendo-nos plenamente e sabendo que nossa trajetória ainda não acabou.

Esse é um processo de depuração. De eliminar os excessos que criam pesos desnecessários e entulham o caminho, de silenciar o barulho que não permite que ouçamos a nós mesmos, de relembrar quem somos sem as amarras do que disseram que deveríamos ser. É morarmos em nós com o prazeroso direito de manter a casa que somos como queremos que ela esteja.

E essa não é uma jornada de descobertas, mas de resgates. Porque nós sabemos quem somos, apenas nos perdemos no caminho.

Talvez desviados para trajetos que tentaram nos convencer de que eram mais atraentes, ou então tentando pegar atalhos para algum lugar que supomos ser o objetivo – quando, na verdade, nós somos esse lugar, nós somos o objetivo. É em nós que precisamos estar, só perdemos a real percepção de quem realmente somos. E é aí que entra o papel do autoconhecimento.

O autoconhecimento real não é só uma questão de entrarmos em nós mesmos em introspecção ou reflexão, porque pensar sem agir é nada além de juntar material para termos motivo de nos lamentar por não sermos o que gostaríamos e poderíamos ser. Ele é escolha, ação e compromisso. E acontece no momento em que decidimos ser honestos conosco, sem ilusões ou justificativas convenientes que mascarem a verdade – que pode não ser o que há de mais atraente, mas é a única coisa real em que podemos nos apoiar. Pois a verdade, mesmo dura, não faz falsas promessas. Ela nos leva apenas aonde somos capazes de ir, e não aonde nossa ilusão nos diz que é possível.

A busca pelo autoconhecimento também está na ação quando paramos de terceirizar nossa felicidade, assumindo a responsabilidade pela busca daquilo que desejamos; e quando acolhemos nossa história com inteireza, sem precisar apagar partes de nós, afinal somos uma casa grande o suficiente para nós mesmos; e também quando agimos com intenção, fazendo escolhas alinhadas ao que realmente importa para nós.

Por isso tudo, o autoconhecimento é um ato de coragem. Coragem de se olhar de frente, para encarar verdades incômodas, desmontar as histórias que já não nos servem e tomar as rédeas da história que queremos criar. Coragem de nos transformar, não pelo que esperam de nós, mas pelo que nossa essência pede. A mesma essência que sempre esteve conosco desde nossa estreia neste mundo, mas foi negligenciada, por sermos levados por ventos contrários aos objetivos que nos são de direito.

A VIDA PLENA É UM PROCESSO, NÃO UM DESTINO

Não existe um ponto final nessa jornada. Viver conectado com sua essência não é um objetivo a ser alcançado, mas um estado a ser cultivado diariamente. Isso significa que não há uma única resposta certa, nem um caminho rígido a ser seguido. O que existe é a decisão contínua de se permitir sentir, experimentar, crescer, ajustar rotas sem perder o próprio centro.

Criar uma vida com significado não é um evento isolado; é um compromisso diário consigo mesmo.

Nos próximos capítulos, aprofundaremos esse processo. Exploraremos como fortalecer sua relação interna, como se libertar das amarras que o mantêm preso a uma existência limitada e como reconstruir sua vida a partir de um lugar de autenticidade e presença.

A vida que você deseja não está no futuro nem nas expectativas alheias. Ela está na decisão inegociável de habitar-se por inteiro, sem medo, sem concessões, e de agir nesse sentido. Com essa decisão tomada, a ação começa agora.

CAPÍTULO 4

MERGULHE EM SI MESMO

Eu me vejo luz e sombra: generosa e impaciente, carinhosa e bruta, altruísta e egoísta. Celebro minhas virtudes, assim como reconheço minhas fraquezas, e é nesse reconhecimento que busco me curar de mim. Não é um processo simples ou confortável. Dói termos de nos despir e olhar para as nossas partes que preferiríamos esconder.

No entanto, aprendi que a cura não está em negar quem somos, mas em explorar nossa escuridão. É nela que reside o poder infinito de nossa luz.

A DUALIDADE QUE NOS HABITA

A maioria das pessoas passa a vida construindo uma identidade baseada nas expectativas externas, que são fruto de um ciclo aparentemente infinito. Nossos pais, tutores e mentores também são frutos das expectativas daqueles que vieram antes deles, então não é de surpreender que tragam consigo os moldes sob os quais julgam que devemos ser criados. Assim, desde pequenos, aprendemos que devemos nos encaixar, sendo bons filhos, alunos, amigos, funcionários. E somos ensinados a brilhar, a mostrar ao mundo aquilo que há de melhor em nós, mesmo que tenhamos de forjar tais virtudes, pois estas são celebradas, enquanto as falhas são rejeitadas. No entanto, o papel da luz, além de iluminar, é ocultar a escuridão. Sim, temos a luz, mas atrás dela, escondida dos olhos do mundo, estão nossas sombras, que nos esforçamos para manter invisíveis, como se ignorá-las fosse o suficiente para fazê-las desaparecer.

Mas aquilo que reprimimos não desaparece. Pelo contrário, ganha uma força silenciosa, moldando decisões, influenciando emoções e, com frequência, nos afastando do que poderíamos ser se trabalhássemos nossas forças antagônicas de modo a serem, juntas, uma ferramenta para nosso crescimento, porque luz e sombra não são opostas, mas sim complementares. Assim como o dia precisa da noite para existir, nossa luz só pode brilhar plenamente quando aprendemos a integrar a sombra.

Imagine que sua luz é tudo o que você oferece de bom ao mundo: sua generosidade, seus talentos e sua capacidade de inspirar. Já sua sombra é o que você guarda nos cantos escuros, longe dos olhos, seus e do mundo: seus medos, suas dores e suas contradições. No entanto, luz e sombra são uma coisa só, porque ambas são partes essenciais de quem você é. Ninguém pode ser pleno se não reconhece como importante uma parte de seu próprio eu. Ninguém pode tentar ser apenas metade do que é de verdade e, ainda assim, atingir a plenitude. E não importa quanto tentemos esconder aquelas partes de nós que julgamos não serem merecedoras de virem à luz, não podemos mudar o fato de que somos feitos de todas essas camadas. É isso o que somos. Mas será que sabemos quem somos de verdade?

A resposta a essa pergunta é "não, não sabemos", pelo menos enquanto negarmos essa nossa dualidade, porque tal negação

Assim como o dia precisa da noite para existir, nossa luz só pode brilhar plenamente quando aprendemos a integrar a sombra.

SER VOCÊ É INEGOCIÁVEL
@IDENTIDADEALEVASQUES

gera os atritos internos que criam barreiras para que aceitemos quem realmente somos: como somos, sem autojulgamentos e sem nos envergonhar.

Tais atritos tomam a forma de pensamentos que se confundem, ideias que perdem sentido, o discernimento vai se dissolvendo no caos enquanto tentamos nos convencer de que somos aquilo que não podemos ser simplesmente porque essa não é nossa natureza. E esse estado de confusão e não aceitação nos paralisa, impedindo ações coerentes e nos afastando de uma vida alinhada com a verdade que deveria ser a condutora de nossos passos.

Essa verdade está dentro de nós – e aqui, sim, a luz, e apenas ela, é mais necessária e fundamental, porque nos mostrará o que há para ser visto quando olharmos para nosso interior. E, não... não necessariamente gostaremos de ver o que esse mergulho nos apresentará; esse processo pode ser difícil e assustador. A dificuldade desse caminho de descoberta se deve ao fato de que a verdade nunca dá as caras sem trazer uma boa quantidade de atrito e desconforto.

Olhar para a escuridão nos deixa vulneráveis, nos obriga a nos despir das máscaras que usamos para o mundo e para nós mesmos e admitir que somos mais do que nossas virtudes e boas intenções. Somos também nossos erros, medos e impulsos.

Além disso, quando paramos para encarar nossas sombras, descobrimos que muitas se devem a feridas não cicatrizadas e negligenciadas por anos. Mas também descobrimos nossas forças, muitas vezes subestimadas, porque não fomos ensinados a reconhecer nossas qualidades sem sentir culpa por isso. Se falo sobre algo ruim em mim, sou autocrítica. Se falo sobre algo bom, sou arrogante. Sempre há um juiz externo a nos julgar, e, sem perceber, muitas vezes, nos tornamos nosso próprio juiz, assumindo como nossos os preceitos que, na verdade, nos foram impostos por tantos dedos apontando para o horizonte que eles querem que sejam o correto, mesmo que este seja oposto ao nosso objetivo. Mas essas forças recém-descobertas em nossas sombras podem nos ajudar no caminho de aceitação da escuridão que é parte de nós, porque somente ao reconhecermos nossas sombras podemos interromper o ciclo de confusão e desordem que ela pode causar.

Nesse processo, é fundamental nos lembrarmos de que o que enfrentamos não está além daquilo com que somos capazes de lidar. Como Marco Aurélio escreveu em *Meditações*: "Nada pode acontecer a nenhum ser humano que não seja humanamente acidental".[8]

Essa visão estoica nos convida a aceitar que todos os desafios, sofrimentos e alegrias que vivemos fazem parte não apenas de nossa condição individual, mas da condição humana. Nada nos acontece por acaso ou além dos nossos recursos internos para enfrentar a situação. A professora de Filosofia Lúcia Helena Galvão reforça essa perspectiva ao destacar que a vida não nos dá experiências alheias à nossa natureza.[9] Temos dentro de nós o potencial para aprender a lidar com todas as questões que surgem. Tudo o que enfrentamos, por mais difícil que pareça, está dentro dos limites daquilo que fomos projetados para vivenciar e superar.

Reconhecer isso é um chamado à autorresponsabilidade. Nesse processo de assumirmos a responsabilidade por nós mesmos, é fundamental nos conectarmos com nossas emoções, pois elas são a bússola que aponta para o que precisa ser acolhido e transformado.

---

[8] AURÉLIO, M. **Meditações**. São Paulo: Edipro, 2019. p. 89.

[9] PODEMOS – e devemos – mudar? 2025. Vídeo (47min39s). Publicado pelo canal Nova Acrópole Brasil. Disponível em: www.youtube.com/watch?v=YGOaWG4QD-0. Acesso em: 10 abr. 2025.

Uma dessas emoções é o medo; e, quando encaramos nossas sombras e aceitamos que temos a força e a sabedoria para enfrentar qualquer adversidade, nós nos libertamos dele.

E há algo profundamente transformador nisso. Quando confrontamos nossas sombras, elas perdem o poder de nos controlar. Passamos a compreender suas motivações ocultas, transformando-as em fontes de aprendizado. A sombra de alguém egoísta pode revelar uma necessidade de proteção; talvez a de uma pessoa impaciente revele um desejo profundo de controle. É necessário abrir os olhos para ver isso e coragem para aceitar que essa pode ser a verdade libertadora de que tanto precisamos. Portanto, reconhecer nossas sombras não é uma fraqueza. É coragem. A coragem de dizer: "Eu sou tudo isso, e isso também faz parte de mim". Ao nos tornarmos conscientes desses movimentos internos, conseguimos integrar de maneira harmoniosa a dualidade entre luz e sombra.

Essa integração, porém, não é algo que acontece de uma só vez. É uma jornada, uma prática contínua que exige atenção, presença e, principalmente, mudança – esta última capaz de gerar apreensão em muita gente.

POR QUE TEMEMOS E EVITAMOS A MUDANÇA?

Fugimos do novo por medo do desconforto, porque mudar significa sair da zona de conforto e confrontar o desconhecido. O que encontraremos ao sair de nosso lugar conhecido e seguro pode nos surpreender, mas tememos isso por não saber se as surpresas que nos esperam são boas ou ruins.

Há também o apego às narrativas antigas. Se passamos a vida inteira nos vendo como "alguém sem jeito para os negócios" ou "alguém que sempre se sabota", mudar essa história nos exigirá um esforço que talvez não estejamos dispostos a despender; a ilusão do tempo perfeito, afinal, muitas pessoas esperam "o momento certo" para mudar. Mas ele nunca chega, ou não o reconhecemos quando ele dá as caras. Na verdade, na maioria das vezes, nem mesmo conseguimos definir o que é o momento certo.

E por vergonha. Isso mesmo. Ou, pelo menos, devido ao medo de sentirmos vergonha se tentarmos mudar e não conseguirmos.

Mas a vergonha vai além. Trata-se de um sentimento poderoso que pode nos visitar em muitas situações, e quem já a sentiu alguma vez fará de tudo para evitá-la. A pesquisadora Brené Brown, no livro *A coragem de ser imperfeito*,[10] fala sobre como a vergonha nos impede de abraçar nossa verdadeira identidade. Sentimos vergonha de errar, de não sermos bons o suficiente e até mesmo de brilhar. A autora escreve: "A autovalorização nos inspira a ser vulneráveis, a compartilhar sem medo e a perseverar. Por outro lado, a vergonha nos mantém atrofiados, tímidos e medrosos [...] Em resumo, viver com ousadia exige autovalorização".

E porque dá trabalho. Descobrir quem somos é um processo transformador, que exige ação e, consequentemente, mudanças, que provocarão todos esses medos de que falamos. Por isso, muitas pessoas param no meio do caminho. Elas identificam suas dores, sabem que carregam traumas e padrões repetitivos, mas não fazem nada a respeito. Mudar é trabalhoso. Porque, por mais doloroso que seja, o conhecido sempre parece mais seguro que o novo.

---

[10] BROWN, R. **A coragem de ser imperfeito**: como aceitar a própria vulnerabilidade, vencer a vergonha e ousar ser quem você é. Rio de Janeiro: Sextante, 2016.

Aqui é preciso fazer uma escolha: você quer apenas entender suas sombras ou está disposto a enfrentá-las?

REFLEXÃO: UM CONVITE À PROFUNDIDADE

A verdade é que não podemos mudar o que não entendemos e não podemos entender o que não estamos dispostos a encarar. Nesse sentido, a reflexão é fundamental, pois ela nos ajuda a ver com clareza o que precisa ser transformado. É nesse espaço de contemplação que acessamos nossa força interna, reorganizamos prioridades e encontramos um propósito mais alinhado com quem realmente somos. Refletir é mais do que pensar sobre a vida; é um convite para mergulhar nas camadas mais íntimas de quem somos, explorando aquilo que evitamos encarar; é o antídoto para todo nosso caos interno.

Quando permitimos que a reflexão guie nossas ações, algo extraordinário acontece: o que antes parecia uma fraqueza se torna uma fonte de força. A dor que parecia insuportável se torna um portal para o aprendizado. Parar, observar e interpretar o que acontece dentro de nós é o primeiro passo. Com coragem, podemos identificar os atritos internos, reconhecer o que nos incomoda e, em vez de fugir, enfrentar as partes que julgamos inaceitáveis, aprender a acolher nossas sombras e enxergar e valorizar nossa luz.

E como fazer isso?

- **Silenciando o ruído externo:** o primeiro passo para olhar para si mesmo é parar de buscar validação o tempo todo. Quem você é quando ninguém está olhando?

- **Questionando-se:** o que você acredita sobre si mesmo que pode não ser verdade? Você é realmente incapaz, ou apenas ouviu essa ideia tantas vezes a ponto de passar a acreditar nela?
- **Refletindo sobre suas reações:** quando algo o afeta profundamente, há um motivo por trás. O que essa emoção está tentando lhe mostrar?

Quando começar a refletir sobre essas questões, você se conhecerá um pouco mais e começará a perceber o que deve ser mudado para que se torne, de fato, sua melhor versão possível. E, então, partirá para a ação, porque a reflexão sem ação é só teoria.

Eu valorizo a prática acima de tudo. Não acredito em regras fixas, porque cada jornada é única, mas creio muitíssimo na importância de agir. Por isso, trago aqui algumas reflexões que podem ajudá-lo a encontrar o caminho para a cura dos males que o impedem de atingir a plenitude de ser quem você realmente é.

- **Identifique sua dor:** pergunte a si mesmo o que dentro de você ainda dói. Seja honesto e não faça julgamentos.
- **Acolha sem resistência:** reconheça essa dor como parte de sua história. O acolhimento é o primeiro passo para a cura.
- **Reflita sobre a origem dessa dor:** o que ela tem a dizer sobre você? Quais aprendizados ela traz?
- **Tome uma atitude:** pode ser uma atitude pequena, mas faça algo para cuidar dessa ferida. Pode ser conversar com alguém, praticar o perdão ou simplesmente mudar o modo como você pensa sobre a situação.
- **Repita o processo:** a cura não acontece de uma vez, é um processo contínuo. Persista.

A DOR NÃO DEVE SER NEGADA, MAS ACOLHIDA

O processo de autoconhecimento vai além da superfície. É um mergulho profundo na essência do ser. É um ato íntimo, profundo e, como já vimos, desconfortável. No entanto, identificar o que nos machuca não é se render à dor, mas aceitar que ela existe, olhar para ela com honestidade e decidir não ser mais refém de sua presença silenciosa.

Essas decisões não são simples, mas são profundamente transformadoras. Cada vez que escolhemos agir com responsabilidade e sem medo, algo em nós se realinha, e começamos a construir um caminho mais autêntico e livre, onde nossa dor não é negada, mas acolhida e transformada. Afinal, reconhecer o que machuca não é se entregar ao sofrimento. É um ato de resiliência. É dizer a si mesmo: "Eu vejo minha dor".

Então, no caminho do autoconhecimento, precisaremos identificar o que nos fere e onde dói. Mas não apenas isso; também agiremos em cima dessas descobertas. Tem a ver com assumir a atitude de ver a própria dor e, mais do que isso, cuidar dela. Assim, é necessário decidir o que faremos com relação a isso, porque a transformação real acontece quando deixamos de só entender nossas dores e começamos a agir para ressignificá-las.

Sim, curar-se exige ação. Mas com frequência somos nossa própria armadilha e temos resistência exatamente àquilo de que mais precisamos, porque é mais fácil evitar o desconforto do enfrentamento, criar justificativas ou adiar. Desse modo, fugir do que nos machuca pode nos trazer um alívio imediato, mas que é apenas uma ilusão. A dor ignorada continuará lá, moldando escolhas, sufocando emoções e limitando possibilidades. Então, devemos agir e buscar os caminhos, às vezes difíceis, que nos levarão à cura.

A CURA COMEÇA NAS PEQUENAS AÇÕES

O processo da cura acontece gradualmente, no cotidiano, quando decidimos respeitar nossa história, com tudo o que ela carrega; quando paramos de julgar e culpar os outros por nossos infortúnios; quando praticamos o perdão e, em especial, o autoperdão; quando deixamos de acreditar que somos vítimas das circunstâncias, afinal somos os donos de nosso próprio destino; quando mostramos ao nosso ego quem realmente está no controle; quando aprendemos a ter autonomia emocional, honrando o que sentimos, mas sem nos deixar governar por isso.

No fim dessa jornada, quando nos curamos, aprendemos a olhar para o mundo e para nós mesmos com mais leveza e passamos a entender que a vida é imprevisível, mas que podemos aumentar aos poucos o domínio sobre nossa experiência.

No final, a cura é isto: respeitar nossa história, praticar o perdão e, acima de tudo, reconhecer a força que temos para transformar nossas dores em aprendizado.

Cuide do que o machuca. Não fuja, não ignore, não negue. Porque é enfrentando o desconforto que encontramos a liberdade.

E, mais que tudo, lembre-se: não podemos nos curar do que não aceitamos como parte de nós mesmos. Portanto, pergunte a si mesmo:

- Qual parte de mim tenho evitado encarar?
- O que essa sombra está tentando me ensinar?

- Qual padrão me limita e continuo repetindo?
- O que posso fazer HOJE para mudar um comportamento que não me serve mais?

Seja sincero em suas respostas e as acolha com o desejo genuíno de crescer. E diga a si mesmo, em voz alta: "Eu sou dono de tudo o que me compõe: meu corpo, com suas belezas e imperfeições; minha mente, com todos os pensamentos e as ideias que abrigo; meus olhos, que enxergam tanto a beleza quanto os desafios; meus sentimentos, sejam eles de raiva, alegria, frustração ou amor. Tudo isso é meu. Não cabe a ninguém definir ou controlar o que me pertence. Essa totalidade, com suas luzes e sombras, é o que me faz uma pessoa completa".

Integrar luz e sombra é aceitar que não somos perfeitos, mas somos inteiros, e é nesse estado interno que encontramos a liberdade de ser tudo aquilo que nos define; portanto, tenha a coragem de ouvir as respostas. As suas e as do mundo.

CAPÍTULO 5

QUESTIONE SUAS VERDADES

Quantas vezes você já parou para se perguntar por que faz o que faz, por que pensa como pensa e de onde vieram seus desejos, seus valores e suas prioridades?

Na maioria das vezes, as respostas que damos a essas perguntas revelam algo inquietante: muito daquilo em que acreditamos não é verdadeiramente nosso.

Desde pequenos, aprendemos a aceitar como verdade aquilo que nos é ensinado, seja pela família, pela escola ou pela sociedade. Crescemos em um mundo que nos ensina a seguir regras, atender a expectativas e nos encaixar em moldes predefinidos. Sem sabermos quem somos, nos tornamos instáveis e somos afetados por opiniões externas, absorvemos padrões coletivos sem questioná-los e, distraidamente, nos transformamos em sombras das expectativas alheias moldando nossos comportamentos e nossas decisões a partir dessas bases.

- Mas será que essas crenças ainda fazem sentido para quem somos hoje?
- Quantos de seus desejos são verdadeiramente seus?
- Você escolheu a carreira que ama, ou seguiu o que esperavam de você?

- Seus valores refletem aquilo em que você acredita, ou algo que lhe foi imposto?
- Suas prioridades vêm de seu coração, ou de um ideal de sucesso que você viu na mídia?

Essas perguntas são incômodas, mas necessárias, porque viver com base em crenças que não são nossas é como caminhar em uma estrada escolhida por outra pessoa.

QUANDO CRENÇAS LIMITAM SUA AUTONOMIA

Crenças, por si só, não são ruins. Elas podem nos guiar, dar propósito e criar estruturas que sustentam nossas escolhas. Mas, quando não questionadas, podem se tornar prisões, pois acreditar de maneira cega em algo é ceder nosso poder pessoal. É agir sem consciência, como se estivéssemos no nosso conhecido piloto automático. É nos limitarmos por crenças que não necessariamente são nossas. Essas são as crenças limitantes.

As crenças limitantes são verdades que aceitamos sem questionar e que, com o tempo, se tornam prisões invisíveis, fazendo com que nos conformemos com menos do que merecemos, que acreditemos que algumas coisas "não são para nós", que nos sintamos insuficientes ou inadequados. Muitas vezes, até percebemos que carregamos ideias que não nos servem mais, mas, ainda assim, nos sentimos incapazes de impedir que elas moldem nossas escolhas, porque as crenças limitantes podem ser sutis, mas têm força e um impacto duradouro.

Por exemplo: você pode acreditar que o sucesso só é possível com sacrifício extremo porque cresceu vendo seus pais trabalharem incansavelmente. Pode evitar correr riscos porque foi ensinado a priorizar a segurança acima de tudo. Ou pode levar a ferro e fogo as ideias contidas em frases como "dinheiro é sujo", "mulher tem que ser boazinha", "homem não chora" e "ser vulnerável é sinal de fraqueza". Não se trata apenas de frases repetidas à exaustão, mas de crenças que moldam nossa forma de viver.

Segundo a Programação Neurolinguística (PNL), existe uma conexão entre os processos neurológicos (daí o "neuro"), a linguagem (linguística) e os padrões comportamentais aprendidos por meio da experiência (programação), e estes podem ser alterados com o objetivo de alcançar informações específicas e metas na vida. Assim, segundo a PNL, tudo o que repetimos se torna um padrão mental. Ou seja, quanto mais reforçamos uma crença negativa, mais real ela se torna para nós.

No livro *Crenças: caminhos para a saúde e o bem-estar*, Robert Dilts, Tim Hallbom e Suzi Smith nos apresentam um conteúdo amplo sobre o assunto, afirmando que:

> as crenças não se baseiam necessariamente em uma estrutura lógica de ideias. Ao contrário, todos sabemos quão pouco elas reagem à lógica. Não se pode esperar que elas coincidam com a realidade. Como não sabemos na verdade o que é real, temos que formar uma crença.[11]

Hoje, grande parte de nossa percepção do mundo é moldada pelo que consumimos on-line, e os padrões ditados pelas redes

---

[11] DILTS, R.; HALLBOM, T.; SMITH, S. **Crenças**: caminhos para a saúde e o bem-estar. São Paulo: Summus, 1993.

sociais nos aprisionam na armadilha das crenças limitantes. Questionar essas crenças é o primeiro passo para recuperar nossa autonomia, e o autoconhecimento é o melhor caminho para obter sucesso nessa empreitada, pois ele nos convida a parar, refletir e redefinir nossas verdades, como vimos no capítulo anterior. É aí que algo extraordinário acontece. Começamos a perceber que nem tudo o que aprendemos precisa ser mantido e, à medida que nos aprofundamos nessa jornada, passamos a atribuir novos significados às ações mais simples do dia a dia. Percebe como esse não é apenas o processo de "descobrir quem somos", mas de desconstruir quem acreditamos que deveríamos ser? É desaprender para reaprender. O que não significa desprezar tudo o que recebemos, mas olhar para essas crenças com um olhar crítico e decidir o que manter e o que deixar para trás.

Por isso, essa não é uma tarefa simples. Exige coragem de se despir de tudo aquilo que nos ensinaram, para olhar além das opiniões e dos julgamentos externos. Quando começamos a questionar nossas crenças, descobrimos que muitas delas já não fazem sentido, e isso pode gerar uma sensação de vazio e de que fomos enganados. Por isso, precisamos sempre nos lembrar de que as pessoas fazem o melhor que podem com a compreensão, a consciência e o conhecimento que têm no momento. Muitos dos valores e crenças que herdamos vieram de pessoas que nos amam e desejam o melhor para nós, mesmo que não saibam como nos ensinar sobre nossa autonomia.

Reconhecer isso é um ato de maturidade. Não se trata de culpar o passado, mas de assumir a responsabilidade pelo presente. Porque agora as escolhas são nossas. E é nessa ação de deixar para trás as crenças que não nos servem mais que encontramos espaço para criar novas verdades, aquelas que refletem quem realmente somos, e então temos com o que construir um caminho que seja de fato nosso.

Um bom modo de iniciar esse caminho é primeiro identificar suas crenças limitantes, e, para isso, você precisa fazer a si mesmo algumas perguntas honestas:

- De onde vem essa ideia? Quem me ensinou isso?
- Essa crença ainda faz sentido para quem sou hoje?
- Essa visão me impulsiona ou me limita?
- Se eu pudesse escolher livremente, o que faria sentido para mim?

E, ainda mais importante, questione se essas crenças são de fato verdade ou apenas algo que lhe disseram e você acreditou sem questionar.

Depois, com suas crenças limitantes já identificadas, substitua as narrativas negativas. Para isso, faça perguntas que as questionem. Por exemplo, se você acredita que "não nasceu para empreender", questione-se: "Baseado em que eu acredito nisso? Afinal, nunca tentei!".

Então, desconecte-se do que o limita, filtre o que você consome. Nesse sentido, é necessário ter discernimento para perceber o que está chegando até você, mas que não o leva em direção ao seu objetivo, e coragem para se desfazer de algumas certezas que, no fim das contas, se mostram não tão confiáveis e certas como você pensava. Por isso, reveja suas referências, pois elas influenciam sua mentalidade.

Por último, permita-se falhar sem desistir, pois o aprendizado vem da ação, não da perfeição. E comece isso agora, porque, quanto mais você adiar suas ações, mais tempo permanecerá vulnerável às interferências externas.

Permita-se falhar sem desistir, pois o aprendizado vem da ação, não da perfeição.

SER VOCÊ É INEGOCIÁVEL
@IDENTIDADEALEVASQUES

É, eu sei... deixar as coisas para depois é algo quase irresistível, e é bem mais fácil buscar motivos aleatórios para nossa falta de ação.

JUSTIFICANDO A PROCRASTINAÇÃO

Quantas vezes você já se pegou usando justificativas que são só aparentemente válidas para adiar algo importante?

"Não tenho tempo." "Não estou pronto." "Agora não é o momento."

Essas frases, que parecem inofensivas, escondem uma perigosa armadilha: tentam transferir a responsabilidade de nossas escolhas para fatores externos e sobre os quais julgamos não ter controle. Enquanto fazemos isso, estamos nos sabotando e perpetuando exatamente aquilo de que tratamos até aqui neste capítulo, porque muitas das desculpas que usamos para deixar as coisas para depois são, na verdade, uma extensão daquilo que fomos levados a acreditar sem questionar, porque assim as coisas parecem mais fáceis e confortáveis.

As desculpas também nos oferecem um conforto momentâneo, por isso são sedutoras. Elas justificam nossa falta de ação e, de maneira sutil, nos afastam da responsabilidade que deveríamos ter sobre nossas decisões e ações, ou sobre a falta delas. Mas a verdade é que as desculpas são apenas histórias que contamos a nós mesmos para evitar o desconforto da mudança. Assim, analisando o que está por trás de algumas dessas desculpas, concluímos que contamos essas mentiras para nós mesmos porque temos medo tanto da mudança quanto dos possíveis erros que talvez cometamos durante o processo.

Ora, errar faz parte do caminho. É nas falhas que aprendemos, nos ajustamos e evoluímos. Mas as desculpas, essas, sim, têm o poder de nos aprisionar, porque criam um ciclo de inércia que nos impede de avançar. Não são os erros que nos paralisam, mas a insistência em justificar por que não estamos agindo.

Como podemos atribuir à escassez de tempo a culpa por nossa estagnação se o tempo é uma questão de prioridade? Ele, o tempo, não nos espera; portanto, se algo é realmente importante e deve ser feito, nós encontraremos espaço em nossa agenda para fazê-lo.

E o que dizer da clássica desculpa "não estou pronto"? A verdade é que ninguém nunca está completamente preparados. Aliás, se estivéssemos prontos, não precisaríamos fazer mais nada, pois já seríamos um projeto concluído. O aprendizado acontece no percurso, e a ação é o que nos prepara e nos torna cada vez mais aptos a continuar no caminho que escolhemos trilhar.

Mas o medo está lá, nos rondando, então tentamos nos convencer de que "é arriscado demais", como se nunca sair do lugar e viver uma vida de arrependimentos não fosse, por si só, uma grande ameaça.

Arriscado mesmo é não correr riscos, mas o medo sussurrará algo diferente disso em seus ouvidos.

O MEDO COMO PROTEÇÃO

O medo é parte de nosso instinto de sobrevivência e uma das emoções mais primitivas e essenciais que experimentamos. Ele nos impede de atravessar uma rua movimentada sem olhar para os lados, de confiar cegamente em estranhos ou de tomar decisões impulsivas sem calcular as consequências. Quando bem administrado, ele é uma bússola que nos mantém atentos e cuidadosos. No entanto, o medo também pode ser um carcereiro silencioso, impedindo-nos de avançar, de ousar e de fazer escolhas que nos levam ao crescimento.

Nessas ocasiões, ele se disfarça de proteção, quando, na verdade, está nos levando à evitação. Evitamos nos expor, evitamos arriscar, evitamos sair do conhecido, e é aí que começamos a nos tornar limitados pelo medo. Mesmo que sintamos que podemos seguir por tal caminho ou que determinada escolha provavelmente seja a melhor para nós, ainda assim, o medo segurará nossas pernas, tentando nos convencer de que o mais seguro é permanecer igual. Não estamos com preguiça de agir, não somos mal organizados a ponto de não conseguir nos mover de modo intencional e ordenado. Estamos apenas sendo convencidos pelo medo de que a estagnação é mais segura.

No entanto, não podemos nos esquecer de que ele, o medo, é um sentimento instintivo, não racional. Tenta nos proteger do que ele supõe que seja um risco, mesmo quando o risco é exatamente o que nos levará à cura.

E é aí que entra a responsabilidade que precisamos ter com nossas próprias escolhas. Se temos um objetivo, devemos seguir rumo a ele, mesmo que o medo tente nos convencer de que o fracasso é uma possibilidade. Se temos a intenção de estar em nosso lugar por completo, devemos nos impor em relação àquilo que desejamos e de que somos merecedores, mesmo que o medo nos mostre que talvez isso nos gere rejeição. Se vislumbramos algo maior do que temos e somos hoje, devemos seguir rumo ao desconhecido, onde estão as novas possibilidades, mesmo que o medo insista em tentar nos paralisar.

Sim, o medo tentará fazer essas coisas, pois esse é o papel dele, mas não pode ser o guia de nossas decisões. Portanto, para evitarmos que ele tome as rédeas de nossa vida, precisamos enfrentá-lo – em vez de evitá-lo –, o que demanda que tenhamos algum norte em mente. Por isso, aqui vão alguns passos capazes de ajudar nessa empreitada.

- **Nomeie seu medo:** o que exatamente você teme? Falhar? Ser julgado? Não ser suficiente?
- **Aja, mesmo com medo:** o medo não desaparece antes da ação; ele enfraquece à medida que você age.
- **Crie metas menores:** pequenos passos reduzem a sensação de sobrecarga e tornam o desafio menos assustador.

Como já comentei, permita-se sentir medo, acolha-o e não se deixe paralisar por ele. Erre, aprenda e continue. Cada passo, por menor que pareça, é um avanço em direção ao seu melhor, e isso é uma responsabilidade sua.

TRANSFORME DESCULPAS EM AÇÃO

Assumir a responsabilidade por si próprio é um marco no desenvolvimento pessoal. É reconhecer que, mesmo que não possamos controlar tudo o que acontece, temos total poder sobre como escolhemos reagir. Não se trata de nos culpar, mas de abraçar a consciência de que as escolhas, ou a falta delas, moldam nossa trajetória. Isso é não apenas libertador, mas também transformador. É o que permite que deixemos de ser vítimas das circunstâncias para nos tornar protagonistas de nossa história.

Para tanto, precisamos abandonar as desculpas e os medos; e, ao agirmos assim, descobrimos que temos mais poder sobre nossa vida do que imaginávamos, porque as desculpas até podem nos proteger do desconforto, mas é exatamente nesse lugar que o crescimento acontece. Isso exige movimento, presença e, principalmente, honestidade consigo mesmo.

Portanto, faça mais vezes aquilo que leva sua alma a pulsar. Afinal, é nesses momentos que você se conecta com o que realmente importa. Aprenda a pausar sem desistir de você. Nem toda pausa é um retrocesso. Às vezes, é no descanso e na reflexão que encontramos a força para continuar. Escolha crescer. Escolha a si mesmo. Porque, no final, não é o que acontece com você que define sua vida, mas o que você faz com isso.

Então, livre-se das desculpas e do medo e escolha agir.

Transformar desculpas em ação é um processo prático e acessível, mas exige determinação. Aqui está um caminho para você começar.

1. **Reconheça suas desculpas:** identifique as frases que você costuma usar para adiar decisões ou evitar ações importantes.
2. **Questione essas histórias:** pergunte a si mesmo se essa é a verdade ou apenas uma forma de evitar o desconforto.
3. **Substitua desculpas por alternativas:** se o problema é falta de tempo, reorganize suas prioridades. Se é falta de conhecimento, busque aprender.
4. **Aja, mesmo que em pequenos passos:** grandes mudanças começam com ações simples e consistentes.
5. **Aceite os erros como parte do processo:** falhar não é o fim, mas uma etapa essencial do crescimento.

Crescer é um ato de coragem, e coragem não é ausência de medo, mas disposição para agir mesmo quando o medo está presente. E ele sempre estará presente, sempre existirá. Além disso, as crenças continuarão sendo passadas adiante. Você é quem decide até que ponto elas o controlarão.

A pergunta que fica é: você quer ser refém das verdades que lhe ensinaram ou quer descobrir as suas próprias?

CAPÍTULO 6

ASSUMA AS RÉDEAS DE SUA VIDA

A vida constantemente nos desafia a olhar para nossas decisões e assumir, com coragem, o protagonismo que elas exigem. Tudo o que acontece em nossa rotina – os ambientes que frequentamos, as crenças que cultivamos e até as histórias que contamos a nós mesmos – é resultado de escolhas, sejam elas conscientes ou não.

A boa notícia? Você pode assumir o comando.

A má notícia? Isso exige ação e, acima de tudo, autorresponsabilidade. Mas quem disse que essa é, de fato, uma má notícia?

INDIVIDUALIDADE X INDIVIDUALISMO

Em um mundo onde o autoconhecimento se tornou uma ferramenta poderosa para viver com mais autenticidade, é fundamental compreender a diferença entre individualidade e individualismo. Embora pareçam semelhantes, os dois conceitos apresentam significados profundamente distintos, e um deles pode ser – quase sempre é – libertador, enquanto o outro pode ser uma armadilha que nos afasta de conexões genuínas.

A individualidade consiste em reconhecer e honrar quem você de fato é. Apropriar-se de sua essência, suas escolhas, suas preferências e seus valores. Ser um indivíduo é respeitar a si mesmo, desenvolver sua identidade e viver de acordo com aquilo que combina com a sua verdade.

Além disso, a individualidade permite que nos conheçamos e respeitemos nossa essência sem nos anularmos para caber em expectativas externas, e que façamos escolhas conscientes, alinhadas com nosso propósito e nossa visão de mundo. Ela nos leva a valorizar nossa autonomia emocional, sem depender da validação dos outros, e a nos conectarmos com pessoas de modo autêntico, sem a necessidade de nos encaixarmos em padrões impostos. Em outras palavras, trata-se de sermos donos de nossa própria história, mas lembrando que somos parte de algo maior.

Por outro lado, o individualismo está presente quando a necessidade de nos afirmarmos se torna excludente e egoísta, fazendo com que a opinião do outro nunca seja considerada, pois nossa própria visão de mundo é tida como absoluta. É quando a busca pela autonomia e identidade se transforma em isolamento ou desprezo pelas necessidades do outro; nós nos afastamos de relações devido ao medo de depender ou confiar nos outros. É uma mentalidade baseada na escassez, na qual o foco está apenas no próprio benefício, sem considerar o impacto das ações na coletividade. A conexão é substituída por competição, de modo que o crescimento pessoal aconteça à custa do outro; já a vulnerabilidade é vista como fraqueza, e não como parte do desenvolvimento humano.

Assim, o individualismo não é uma ferramenta útil em nossa busca pelo autoconhecimento – se é que é algo útil em qualquer circunstância –, porque conhecer a nós mesmos não significa que com isso devemos cortar laços ou negar a importância das relações, mas sim que temos condições de construir uma base forte para interações mais saudáveis e genuínas.

Afinal, o objetivo do autoconhecimento é nos tornar pessoas completas e conscientes da própria força, sabendo que a verdadeira independência não significa caminhar sozinho, mas escolher as conexões certas.

PRESERVE SUA INDIVIDUALIDADE

Relações são essenciais para nossa jornada, pois é indiscutível que atuam em nossa formação e nos oferecem subsídios para que evoluamos de modo seguro, sabendo que teremos o apoio necessário quando for preciso. No entanto, é importante selecionar com cuidado os vínculos que nutrimos, porque algumas conexões podem fortalecer nossa identidade, enquanto outras têm o potencial de diluí-la.

Por isso, é sempre fundamental nos perguntarmos se determinada relação fortalece ou enfraquece quem somos. E isso se aplica tanto às relações diretas quanto àquelas em que nos envolvemos por força das circunstâncias. Por exemplo: uma pessoa em quem confiamos e com quem mantemos uma relação de respeito mútuo nos indica para uma vaga em uma empresa; no entanto, o ambiente dessa empresa e a maioria das pessoas de lá não refletem nossos valores. Isso, por si só, não é um problema, afinal não devemos ser individualistas e achar que apenas nosso modo de ver as coisas é o certo. Contudo, em um ambiente como esse, onde não reconhecemos nossa essência, será muito mais difícil preservar nossa individualidade. Tal ambiente pode estar de acordo com a visão de mundo daquela pessoa que nos indicou para a vaga e com quem temos uma ótima relação, mas isso não significa que precisamos tentar nos encaixar nesse lugar onde não podemos viver nossa verdade.

Falei aqui de um caso específico, mas estamos inseridos em algo maior, que é a própria sociedade, o ambiente que nos cerca e que, mesmo que não queiramos, nos influencia até enquanto estamos dormindo. E ela, a sociedade, como vimos, nos bombardeia o tempo todo com padrões a serem seguidos, desejos a serem atendidos e supostas verdades, impondo-os como universais. É como se os indivíduos devessem ser o reflexo da sociedade, quando, na verdade, a sociedade é que deveria ser fruto dos indivíduos na plenitude de seu direito de ser quem de fato são.

É assustador constatar o quanto aceitamos esse direcionamento sem nos questionarmos se as diretrizes impostas se alinham com nossas verdades, alheios que estamos ao risco de abrirmos mão de nossa autonomia para viver sob a direção de outros.

Por isso, manter nossa voz intacta neste mundo que constantemente tenta nos silenciar é uma das formas mais autênticas de demonstrar coragem, porque pensar por nós mesmos é um ato de resistência. É desafiar modismos, romper com o coletivo quando este não é saudável e bancar nossa autenticidade, mesmo que isso signifique nadar contra a corrente, que sempre tentará nos arrastar.

FORTALEÇA SUA IDENTIDADE

A identidade não é apenas uma coleção de características; é o que sustenta nossas escolhas, fortalece nossa autoestima e define a maneira como nos posicionamos no mundo. Indiferentes a isso, a grande maioria das pessoas vivem uma vida inteira sendo desconhecidas de si mesmas, permanecendo à margem do que poderiam ser.

E se você não sabe quem é, como pode saber do que é capaz?

Existe um poder inegociável no ato de se conhecer, porque o autoconhecimento não é luxo, é a base. É a única forma de reconhecer seu valor, entender suas capacidades e tomar decisões que reflitam quem você realmente é. Porque esta é a grande verdade: quando nos conhecemos, não aceitamos menos do que aquilo que merecemos. E isso não tem nada a ver com vaidade, ego ou autoindulgência, mas, sim, com dignidade e respeito próprio. Quando entendemos quem somos, mergulhamos em nossa essência e fortalecemos nossa identidade, algo muda internamente e passamos a não mais aceitar migalhas emocionais, decisões mal pensadas ou padrões que nos mantêm pequenos.

Ou seja, fortalecer nossa identidade é um ato de amor-próprio, mas também de potência. É reconhecer que, para viver com integridade, precisamos definir o que nos é inegociável, pois o que aceitamos em nossa vida é o reflexo direto do valor que atribuímos a nós mesmos; afinal, o merecimento não é algo que ganhamos, mas algo que reconhecemos em nós. E ele está bastante relacionado à nossa capacidade de nos acolher, de respeitar nossas necessidades e de tomar decisões alinhadas com aquilo que realmente desejamos.

Se você não sabe quem é, como pode saber do que é capaz?

SER VOCÊ É INEGOCIÁVEL
@IDENTIDADEALEVASQUES

NÃO TERCEIRIZE ESCOLHAS QUE DEVEM SER SUAS

Saiba que nem tudo o que é valioso será prazeroso, pois construir algo que realmente importa exige mais do que empolgação ou conforto – exige compromisso. O prazer momentâneo é efêmero, mas a satisfação proveniente de criar algo com propósito é eterna. E é a escolha de buscar o que é significativo, em vez do que é conveniente, que separa quem vive com propósito de quem apenas sobrevive. Por isso, essa escolha não deve ser terceirizada.

Algumas coisas acontecem como devem acontecer, e isso está além de nossa capacidade de intervenção, o que nos obriga a aceitá-las (nem sempre é fácil, eu sei). Mas de modo algum aceitar o que aconteceu significa conformismo. Significa, sim, que reconhecemos que, embora não possamos controlar tudo o que nos acontece, temos o poder de escolher como responder a esses eventos. E isso é libertador.

"Sim, foi isso o que aconteceu. E eu é que vou escolher como essa história termina."

Este é o poder do protagonismo: a liberdade de decidir o rumo de nossa história, mesmo quando os eventos deixam marcas e o caminho à frente parece incerto. Afinal, o protagonismo não está em evitar erros ou incertezas, mas em assumir as escolhas que fazemos, ainda que o desconhecido nos desafie. É escolher curar-se de feridas antigas e abandonar crenças limitantes, que são atos poderosos de afirmação de nossa identidade. Isso não significa que tudo será fácil, mas que estaremos no controle, pois cada decisão que tomamos – seja sobre onde estar, como nos comportar ou quais crenças carregar – é um reflexo da pessoa que estamos nos tornando. E quando escolhemos com intenção, mesmo em meio ao caos, reafirmamos o propósito de ser quem realmente somos.

Portanto, olhe para sua vida com intenção. Examine os padrões que se repetem, os hábitos que já não fazem sentido e as crenças que não ressoam mais em quem você é. Esses elementos moldam sua narrativa, mas você tem o poder de reescrevê-la. **Você escolhe para onde ir e até quando.**

Outro detalhe importante: escolha com cuidado onde investir sua energia. Sua atenção, seu tempo e sua presença são recursos preciosos, e o autoconhecimento o ajuda a definir onde os colocar. Isso é uma questão de consciência, e não de egoísmo. Afinal, a vida nunca será completamente previsível. Ela nos apresentará situações para as quais não estaremos preparados e que poderão nos desviar de nosso caminho, mesmo que momentaneamente. Porém, a liberdade está em como escolhemos vivê-la, com seus prazeres e reveses. Portanto, banque suas escolhas, porque elas são o reflexo mais fiel de quem você escolhe ser.

E agora, faço-lhe um convite: escreva sobre as dificuldades que estão bloqueando seu movimento. Liste também suas reclamações mais frequentes. Ao colocá-las no papel, você verá que elas deixam de ser monstros intangíveis e começam a se transformar em alavancas para mudanças. Mas, claro, ver tais recursos também é uma escolha sua.

A FÓRMULA DO INSUCESSO: AGRADAR TODO MUNDO

Querer agradar todo mundo é uma armadilha. É como tentar apagar um incêndio com um balde furado: você nunca conseguirá, por mais que se esforce. E o preço de tentar atender às expectativas de todos é alto demais, porque nesse processo perdemos o que há de mais precioso: nós mesmos. Sem saber quem somos, como poderemos agradar os outros? É um ciclo infinito.

Não se trata de ignorar as necessidades daqueles ao nosso redor, mas de entender que só podemos oferecer algo genuíno quando esse algo está alinhado conosco.

E quantas vezes dissemos "sim" aos outros enquanto dizíamos "não" a nós mesmos? Estamos vivendo para agradar os outros ou para sermos leais àquilo em que acreditamos?

Se não olharmos para nós mesmos, para nossas próprias necessidades, não teremos nem mesmo como ver com clareza as necessidades dos outros. É como aquela velha prática indicada pelos comissários de bordo em caso de despressurização da cabine de um avião: quando isso acontecer, primeiro coloque em si mesmo a máscara de oxigênio, pois você precisará estar consciente para poder ajudar quem estiver na poltrona ao seu lado. Portanto, antes de tudo, agrade a si mesmo. Se todos fizermos isso, não haverá gasto de energia tentando agradar os outros.

Eu sei, parece um tanto utópico, mas cabe a nós começarmos esse movimento.

SEJA A FONTE ANTES DE SER O RIO

"Não me limite, que eu quero ir além."[12] Para mim, essa frase, parte da letra da música "Dona de mim", de IZA, é mais do que uma simples declaração. É uma âncora.

Escolhi essa canção para minha entrada em todas as minhas palestras porque ela traduz a força de ser leal a mim mesma, romper barreiras e viver com coragem. Quando ouço "Não me limite, que eu quero ir além", sinto o chamado para abandonar as amarras externas e ser dona da minha história.

Muitas vezes, evitamos nos escolher porque temos medo do que encontraremos quando olharmos para dentro. Será que somos o suficiente? Será que podemos confiar em quem somos? Mas a verdade é esta: é seguro olhar para dentro, porque é nesse espaço que encontramos nossas respostas, nossa força e nossa clareza e porque escolher-se significa ouvir a si mesmo antes de ouvir o barulho lá fora, é dar importância àquilo que nos define e que somos, e com a liberdade de nos sentirmos orgulhosos de nós mesmos.

Viktor Frankl disse que "se pode privar a pessoa de tudo, menos da liberdade última de assumir uma atitude alternativa frente às condições dadas".[13] Essa liberdade é nossa maior ferramenta, pois, mesmo diante das situações mais desafiadoras, podemos decidir como reagir. Podemos nos escolher mesmo quando tudo ao nosso redor parece desmoronar, e fazemos isso olhando para dentro. E quanto mais profundo for esse olhar, mais potentes e fortes serão os alicerces de nossa ascensão.

---

[12] DONA de mim. Intérprete: IZA. *In*: DONA de mim. Rio de Janeiro: Warner Music Brasil, 2018. Faixa 11.

[13] FRANKL, V. **Em busca de sentido**. São Leopoldo: Sinodal, 2013. p. 89.

Pense em uma árvore. As raízes a sustentam, conectando-a ao essencial. Quanto mais profundas as raízes, maior a altura que ela pode atingir. Mas se essas raízes são negligenciadas, sem a possibilidade de se estenderem em todas as direções, a base da árvore se enfraquece. E uma árvore sem raízes não sobrevive.

Agora pense em uma fonte de água cristalina que alimenta um rio. Se a fonte seca, o rio desaparece. Você é essa fonte. Sua energia, seu bem-estar e sua autenticidade alimentam as conexões e contribuições que você oferece ao mundo.

Se você se negligencia, o que resta para dividir?

Por outro lado, se você se escolhe, o que você oferece ao mundo é abundância. E o mundo, mais do que nunca, precisa disso, porque vivemos em uma sociedade que romantiza o sacrifício e glorifica a ideia de colocar os outros acima de tudo. Mas a que custo? Esse padrão nos deixa cansados, desconectados de quem somos e, muitas vezes, ressentidos.

Escolher-se é quebrar esse ciclo. É decidir que sua integridade emocional, mental e física é uma prioridade, porque sem isso você não pode sustentar ninguém, nem a si mesmo. Assim, escolher-se não é egoísmo, mas um ato de amor, pois você não pode oferecer o melhor de si ao mundo se estiver fragmentado, sem energia ou sem propósito. Para dividir com o outro o que você tem de mais genuíno, é preciso, primeiro, estar inteiro. Escolher-se é um ato de amor que reverbera em tudo ao seu redor. É a base para relações mais saudáveis, escolhas mais conscientes e uma vida mais autêntica. É ser honesto. É dizer: "Eu mereço o mesmo amor que dou aos outros. Eu sou responsável por me manter inteiro antes de me dividir". Escolher-se é um convite à lucidez. É abandonar o desejo de agradar e abraçar a liberdade de ser quem você é.

Portanto, seja leal a si mesmo. Não se limite, porque você nasceu para ir além. E antes de dividir seu tempo, sua energia ou seu amor, pergunte-se: "Eu estou inteiro para oferecer isso? Eu estou me escolhendo antes de me dividir?".

Seja leal a si mesmo e estabeleça limites para se proteger. Afinal, ninguém além de você pode ocupar o seu lugar no mundo.

"E, sim, eu sempre dou o meu jeitinho. Pode ser bruto, mas é com carinho, porque Deus me fez assim: dona de mim."[14]

---

[14] DONA de mim. Intérprete: IZA. *In*: DONA de mim. Rio de Janeiro: Warner Music Brasil, 2018. Faixa 11.

CAPÍTULO 7

CONSTRUA PONTES, NÃO MUROS

Já parou para pensar no quanto você pode aprender apenas observando as pessoas ao seu redor? Já percebeu que, se estiver atento, cada história, cada trajetória e cada conquista podem se tornar uma bússola que aponta novos caminhos para sua vida?

A inspiração é uma das forças mais potentes que temos. É por meio dela que crescemos, evoluímos e ampliamos nossa visão de mundo. Mas, para isso, precisamos aprender a olhar para o outro de maneira sábia e estratégica, pois o problema não está em admirar alguém, mas no modo como fazemos isso.

Pessoas inspiradoras não são somente aquelas que exibem conquistas, mas as que demonstram autenticidade, coerência e crescimento contínuo. Essas pessoas, sim, são uma boa referência, porque elas compartilham não só os próprios sucessos, mas também os desafios e aprendizados ao longo do caminho. Elas não querem estar sozinhas onde estão; querem que outras pessoas prosperem.

Ainda assim, nem todo sucesso dos outros é necessariamente relativo a um objetivo que nos interessa, por isso é importante buscarmos nos inspirar em pessoas cujos valores estejam alinhados aos nossos e que nos façam querer evoluir sem perder nossa própria essência. A chave está em absorver aprendizados sem perder nossa identidade, pois inspirar-se não significa copiar, mas adaptar ensinamentos para nossa realidade e nossos valores, sempre nos perguntando se aquilo de fato faz sentido para nós e como podemos aplicar tal aprendizado sem nos distanciarmos de quem somos. Assim, valorizamos nossa trajetória e nossas singularidades e nos tornamos capazes de confiar em nosso próprio ritmo de evolução. É desse modo que mudamos o foco da comparação para a inspiração e deixamos de nos sentir pequenos diante das conquistas alheias. E há uma grande diferença entre a comparação e a inspiração.

Quando nos comparamos, criamos um abismo entre o que somos e o que gostaríamos de ser. Enxergamos o outro como uma referência inalcançável e nos sentimos cada vez menores diante de suas conquistas. Por outro lado, quando nos inspiramos, transformamos essa energia em movimento. O outro deixa de ser um adversário silencioso e passa a ser um professor da vida.

Comparar-se, então, é um exercício de olhar para fora. Inspirar-se, por outro lado, começa com um olhar para dentro. É entender suas próprias histórias, seus desejos e valores, é entrar em contato com quem você é, em vez de tentar ser quem o outro parece ser. A inspiração é uma escolha. É um estado de consciência.

Essa mudança de perspectiva é libertadora porque, quando você se conecta com o que é seu, percebe que não há competição. Não há um "lugar reservado" para o sucesso. Há espaço para todos, desde que cada um caminhe a partir de sua verdade.

Então, redirecione seu olhar. Ver não é apenas enxergar o outro. É enxergar a si mesmo com clareza, gratidão e coragem. E o que você faz com esse olhar pode transformar sua vida.

O PODER DA INSPIRAÇÃO COMO MÉTODO

Se queremos crescer sem nos perdermos de nós mesmos, temos de entender que a inspiração é um processo ativo. Ela não acontece simplesmente porque admiramos alguém; precisa ser aplicada.

O primeiro passo é reconhecer que ninguém chega a lugar algum sozinho. A história da humanidade é construída por meio do aprendizado compartilhado. Olhar para quem está à frente de nós em determinada área da vida não deve ser motivo de frustração, mas de oportunidade.

Pense em grandes nomes da história. Grandes líderes, artistas, escritores, cientistas, empreendedores... Nenhum deles construiu sua trajetória sem referências. Todos tiveram mestres, exemplos a seguir, pessoas que abriram caminhos e mostraram possibilidades.

E aqui está a chave: essas referências não foram encaradas como obstáculos, mas como guias. Pessoas bem-sucedidas entendem que a comparação destrutiva rouba energia, enquanto a inspiração gera ação.

Mas como colocar isso em prática? Já comentei algumas, mas detalho a seguir atitudes que ajudarão você nisso.

- **Observe com inteligência:** não apenas admire alguém, mas analise os comportamentos, os hábitos e as escolhas que levaram essa pessoa aonde ela chegou.
- **Filtre o que faz sentido para você:** nem tudo o que funcionou para o outro precisa ser replicado. Pergunte a si mesmo se aquilo se alinha com seus valores, se faz sentido para sua realidade.

- **Traga para sua vida de maneira prática:** uma inspiração verdadeira não é passiva. Se algo chamou sua atenção, implemente-o de alguma forma em seu dia a dia. Teste, adapte, crie sua própria versão.
- **Evite idealizações:** ninguém é perfeito. Ao se inspirar em alguém, lembre-se de que essa pessoa também tem falhas e enfrenta desafios e momentos difíceis. Não se compare apenas com a melhor versão que ela expõe ao mundo.
- **Celebre o aprendizado, em vez de lamentar a distância:** se você admira alguém que está anos-luz à sua frente, em vez de pensar que nunca chegará lá, pergunte a si mesmo quais pequenos passos pode dar agora que o aproximarão daquele ideal.
- **Entenda: inspirar exige vulnerabilidade.** Significa reconhecer que há espaço para crescer e que podemos aprender com aqueles que já trilharam caminhos semelhantes. Mas, ao mesmo tempo, exige maturidade para não nos perdermos nesse processo.

Então, da próxima vez que se deparar com alguém que o inspira, pare e reflita sobre o que essa pessoa faz e que você admira. Analise como você pode aplicar isso em sua vida sem se perder de si mesmo e qual seria o próximo passo, por menor que seja, que você pode dar. Essa inspiração passará a fazer parte de sua história, e toda história tem de ser contada por completo.

CUIDADO, VOCÊ NÃO SABE A HISTÓRIA INTEIRA

Quantas vezes você já se pegou julgando alguém sem conhecer a história completa? E quantas vezes você foi julgado por pessoas que não conhecem sua história toda?

Olhamos para recortes como se eles fossem o todo. É como se, de dentro de uma caixa de quebra-cabeça, tirássemos uma peça azul e, por isso, julgássemos que todo o quebra-cabeça montado seja azul. Não temos tempo e, claro, não queremos acompanhar a vida de uma pessoa desde a hora que ela acorda até quando vai dormir. Ainda assim, vemos os fragmentos exibidos de seus dias e, a partir disso, supomos que sabemos de tudo – e, mais do que isso, que somos os detentores da verdade, os juízes das vidas alheias, os donos da opinião que todos querem conhecer. Assim, um comportamento, uma escolha ou até mesmo um silêncio pode ser interpretado de modos que não refletem a realidade.

Esses são nossos tempos, e aqui o julgamento se tornou quase um reflexo automático. Principalmente atrás de telas, dentro de nossas certezas e seguros pelo anonimato e pelas distâncias geográficas, despejamos nossas opiniões não solicitadas como se fossem verdades inquestionáveis, e nosso dedo está sempre pronto para ser apontado àqueles que julgamos estar errados. E nós acusamos com base em nossa própria régua moral, como se fôssemos a referência, o norte que serve de guia.

Quando comecei meu trabalho voluntário, percebi algo que mudou minha forma de olhar para a vida: para acessar a profundidade do outro, eu precisava abandonar minhas "verdades absolutas". Era necessário ver através da realidade dele, respeitar suas prioridades, suas crenças, suas dores. E, acima de tudo, aceitar que eu não conhecia a história inteira.

Julgar alguém com base em fragmentos de informações é como ler o primeiro capítulo de um livro e acreditar que sabe o final. Mas sabemos bem pouco sobre os outros. Na verdade, não sabemos quase nada, pois cada pessoa carrega um universo dentro de si, moldado por experiências, contextos e escolhas que, muitas vezes – ou na maioria delas –, estão além de nossa compreensão.

Além disso, quando julgamos, criticando alguém, muitas vezes tentamos reforçar a ideia de que estamos certos, de que sabemos mais, de que temos uma vida mais alinhada. É uma forma inconsciente de inflar o ego. Mas essa necessidade de se sentir superior diz mais sobre uma insegurança não resolvida do que sobre qualquer falha alheia.

Então, quando sentir vontade de julgar, pergunte-se: "Eu realmente conheço a história completa dessa pessoa?", "O que essa reação diz sobre mim?", "Estou julgando ou apenas constatando um fato sem carregar uma interpretação pessoal?", "Por que isso está me incomodando tanto?".

Em vez de criticar, tente entender o que pode estar por trás da atitude da outra pessoa. Experimente substituir o julgamento pela curiosidade. Em vez de "Por que essa pessoa faz isso?", tente "O que será que levou essa pessoa a agir assim?". Essa mudança de perspectiva amplia nossa visão de mundo e nos permite crescer sem precisar diminuir ninguém no processo.

Na próxima vez que sentir vontade de apontar o dedo, experimente olhar para dentro.

O PODER DE CONSTATAR SEM JULGAR

Constatar não é o mesmo que julgar. Constatar é observar o fato como ele é, sem projetar expectativas ou emitir condenações. É aceitar que o que faz sentido para um pode não ter a menor importância para outro, e está tudo bem as coisas serem assim.

Por exemplo, você pode constatar que alguém tem um estilo de vida completamente diferente do seu e não julgar isso como errado. Pode reconhecer que uma escolha feita por outra pessoa não seria a sua, mas sem atribuir um valor negativo a ela.

Praticar neutralidade não significa concordar com tudo, mas compreender que a vida do outro não nos pertence e que não podemos julgar uma realidade que não é nossa, assim como não podemos esperar que o sagrado de alguém atenda às nossas expectativas. Significa que podemos discordar sem desrespeitar, que podemos expressar nossa visão de mundo sem precisar invalidar a de quem pensa diferente. Assim, o exercício da neutralidade é um dos maiores desafios do autoconhecimento, mas também um dos mais libertadores. Ele nos permite olhar para as pessoas com mais empatia, sem o peso de sentenças definitivas.

Lembre-se: o que é óbvio para um pode ser obscuro para o outro.

Quando exigimos que o outro veja o mundo como nós, esquecemos que cada um carrega sua própria trajetória, que, na maioria das vezes, não nos diz respeito. As escolhas, dores e crenças de cada um fazem parte de um aprendizado único, e demandar que todos se encaixem na nossa narrativa é uma forma de aprisionar não apenas os outros, mas também a nós mesmos.

E ninguém gosta de se sentir aprisionado. É por isso que valorizamos nosso direito de pensar como pensamos, e é razoável crer que as demais pessoas também valorizem suas próprias opiniões. Assim, pensar diferente é a regra – ou deveria ser –, mas tem se tornado algo cada vez mais desafiador devido à nossa necessidade de adequação. Emitir uma opinião, hoje, pode ser um ato de coragem, porque vivemos em uma sociedade que valoriza o ataque rápido e a condenação, em vez de aceitar o fato de que cada cabeça é uma sentença e que todos podemos crescer e evoluir com a soma de diferentes perspectivas.

Precisamos urgentemente de um novo ponto de vista, que seja empático, flexível e possibilitador. Em vez de buscar o que está errado no outro, devemos nos perguntar o que essa pessoa está tentando nos ensinar, como podemos ampliar nossa visão de mundo, em vez de limitá-la àquilo em que já acreditamos, e o que nosso julgamento diz sobre nós mesmos.

Não julgar é um exercício constante, bem como uma oportunidade de nos conectarmos com rostos, afetos e histórias de modo mais humano. Não deixe que o julgamento feche portas que poderiam abrir novos mundos. Permita-se ver além de suas certezas e mergulhar no mistério que cada pessoa carrega, porque, no final, o que realmente nos transforma não é nossa razão, mas nossa capacidade de olhar para o outro e para nós mesmos com empatia e humildade. Viver não consiste em ter razão, e sim em expandir nossa capacidade de compreender e respeitar o outro, especialmente quando pensamos diferente.

No entanto, é crucial traçar um limite claro: pensamentos e atitudes que configuram discriminação não apenas violam a dignidade humana como também são crimes. Respeitar diferenças não significa tolerar comportamentos que ferem direitos ou legitimam preconceitos. É nossa responsabilidade, como indivíduos e sociedade, reconhecer esses limites e agir com ética, combatendo qualquer forma de injustiça ou desrespeito.

PEÇA AJUDA

A maior mentira que nos contaram foi que pedir ajuda nos enfraquece. Que ser forte significa dar conta de tudo, carregar o mundo nos ombros, resolver cada problema sozinho. Fomos ensinados que depender do outro é fracassar e que admitir que não conseguimos algo é um sinal de fraqueza. Mas quem foi que disse isso?

Na realidade, é justamente o contrário. O verdadeiro poder está em reconhecer que ninguém cresce sozinho. Não há um único grande feito na história que tenha sido construído sem colaboração.

Recusar-se a aceitar ajuda não é um ato de bravura, é sustentar um peso desnecessário que o afasta do progresso. Quando insistimos em carregar tudo sozinhos, nossa visão se estreita, pois ficamos tão sobrecarregados que deixamos de enxergar soluções que poderiam estar bem diante de nós. E o pior: nos convencemos de que isso é força, quando, na verdade, é orgulho disfarçado de resistência.

Aceitar ajuda não significa abrir mão da autonomia, mas usar a sabedoria compartilhada como um trampolim para avançar com mais clareza e força. É como abrir uma janela em um cômodo escuro. A luz entra, as sombras diminuem, e, de repente, você enxerga possibilidades que antes pareciam invisíveis.

Aceitar ajuda é um ato de inteligência. É reconhecer que ninguém sabe tudo, que o conhecimento compartilhado encurta caminhos, que ouvir diferentes perspectivas amplia nossa capacidade de tomar decisões. E, acima de tudo, é permitir que a vida flua sem tanta rigidez.

Mas aceitar ser ajudado exige mais do que humildade. Exige confiança. Exige vulnerabilidade. É permitir-se ser visto, é reconhecer que não precisamos estar sempre no controle de tudo, e isso é libertador.

Ainda assim, nem toda ajuda será a certa. Algumas pessoas não saberão como nos apoiar, e outras oferecerão conselhos vazios ou tentarão impor soluções que não fazem sentido para nossa jornada. Portanto, é fundamental ser capaz de discernir quem pode ou não pode nos ajudar. Quem está preparado para estender a mão? Quem quer vê-lo crescer, e não apenas o manter dependente?

Definitivamente, ninguém atravessa a jornada da vida sozinho. E a verdadeira força não está em suportar tudo, mas em saber quando é hora de confiar em alguém para caminhar ao seu lado.

A verdadeira força está em derrubar muros de isolamento e construir pontes que nos levam além.

CAPÍTULO 8

TRANSFORME PEDRAS EM DEGRAUS

A vida não é uma estrada pavimentada e previsível. É cheia de curvas inesperadas, vales profundos e quedas que nos deixam sem fôlego. Mas aqui está a verdade que poucos dizem: é nesses vales que o propósito é forjado. Não nos picos, onde tudo parece claro e seguro, mas na escuridão do desconhecido, onde somos desafiados a descobrir além do que vemos.

E ela, a vida, tem uma forma peculiar de nos lembrar de que não estamos no controle de tudo. Ela nos interrompe, nos vira do avesso e nos faz repensar trajetórias que, até então, pareciam sólidas. O que fazemos com esses momentos define se permaneceremos no chão ou se usaremos cada pedra como um degrau para subir ainda mais alto.

Aos 23 anos, vivi uma dessas rupturas. A partida de uma pessoa que me era muito importante foi um golpe brutal que me fez parar e questionar a pressa com que eu vivia. Eu sempre tive urgência, não queria passar pela vida de maneira rasa, mas foi naquela dor que percebi que a verdadeira pressa deveria ser por viver com sentido, e não apenas seguir adiante sem pensar.

Sem saber muito bem como reagir a tudo que estava acontecendo, decidi fazer um experimento: entreguei um questionário para algumas pessoas cujas opiniões eram importantes para mim. Nele, pedi que descrevessem como me viam e que me informassem, com sinceridade, o que acreditavam ser verdades sobre mim. E o que li foi desconcertante.

Algumas confirmaram o que eu já sabia, mas outras me confrontaram de maneira brutal. Ver a mim mesma pelos olhos dos outros foi um choque de realidade que o espelho nunca havia me dado.

A grande virada de chave foi perceber que, apesar da dor, eu ainda estava aqui. E se eu estava aqui, precisava fazer algo com isso. Eu tinha de entender, de uma vez por todas, quem eu era e que impacto queria deixar no mundo.

Foi esse questionamento que me levou a buscar mais. Mais conhecimento, mais experiências, mais propósito. O resultado não foi imediato, e o processo não foi fácil, mas cada desafio, cada tropeço, cada pedra no caminho tornou-se um degrau para algo maior.

O que aquela experiência me ensinou foi que a grande verdade é que a vida nunca será estável. Sempre haverá desafios, dores e mudanças inesperadas. Mas isso não significa que precisamos ser reféns, pois o desconforto pode ser um convite à transformação. Podemos olhar para cada experiência como um muro ou como um degrau. Podemos nos esconder atrás dos desafios ou usá-los como impulso para subir ainda mais alto. Mas, para isso, devemos nos permitir sentir, parar e reorganizar antes de continuar.

PAUSAR PARA PEGAR IMPULSO

Jota Quest canta: "Às vezes, é preciso parar para seguir em frente".[15]

---

[15] PRA SEGUIR em frente. Intérprete: Jota Quest. *In*: DISCOTECAGEM pop variada. Rio de Janeiro: Sony, 2022. Faixa 4.

Essa frase carrega uma verdade que a sociedade insiste em nos fazer esquecer: pausar não é fraqueza. É estratégia.

Vivemos em um mundo que glorifica a velocidade, onde estar ocupado é sinônimo de sucesso. Desde sempre, fomos condicionados a acreditar que descanso é sinônimo de preguiça, e crescemos ouvindo que "primeiro a obrigação, depois a diversão". Muitos de nós mantemos essa ideia na vida adulta, acreditando que só podemos parar depois de concluir todas as demandas. Mas a verdade é que essas demandas nunca acabam. E assim, entre os compromissos e a correria, nos esquecemos de algo essencial: respirar. Não apenas no sentido literal, mas também no ato profundo de pausar, de nos ouvir, de nos perceber. Adultos crescem carregando a culpa por terem de parar de vez em quando, sem perceber que o descanso não é um prêmio por terem cumprido um dever, mas uma parte essencial da jornada.

Lembro-me de uma conversa com meu mentor, Júlio Pereira. Eu lhe disse que estava me sentindo muito cansada, e ele, então, me disse algo que mudou completamente minha perspectiva: "Acelere para o descanso".

À primeira vista, a frase parece contraditória. Mas, pensando bem, ela tem uma sabedoria imensa. Ele não estava falando sobre correr mais rápido, mas sobre priorizar o descanso como parte da jornada. Não como um fim, mas como um combustível. Descansar não é parar; é recalibrar. É reconhecer que, para avançar, você precisa recarregar. É um ato estratégico. É como um arqueiro que recua a flecha antes de lançá-la com força.

Descansar e se divertir não são recompensas; são partes essenciais do processo, do próprio ato de viver. Não é uma questão de merecer, mas de entender que pausas são tão importantes quanto o movimento. Elas são, de fato, parte da tarefa.

O sociólogo italiano Domenico De Masi desenvolveu o conceito de ócio criativo, explicando que o tempo livre é essencial para estimular a criatividade e a inovação. Grandes ideias não surgem no cansaço extremo, mas nos momentos de pausa, quando a mente desacelera e consegue ver novas possibilidades.[16]

Podemos aplicar isso em nossa rotina nos dando o direito a pequenas pausas durante o dia, momentos de silêncio, um café sem pressa, uma caminhada sem destino, pois é nesses espaços que novas ideias emergem, as respostas aparecem e conseguimos ver a vida com mais clareza. Porque parar não é recuar. É ganhar fôlego para dar o próximo passo com mais potência. Afinal, o que torna a vida valiosa não é o número de horas em um dia, mas o que fazemos com elas.

Cada momento é uma escolha: você pode existir no automático ou viver com intenção.

O PODER DE ESTAR PRESENTE

Estar presente é um dos maiores presentes que você pode dar a si mesmo. É um convite para viver com mais profundidade, saborear os pequenos momentos e se reconectar, afinal a vida acontece agora. Mas quantas vezes estamos realmente presentes? Quantas vezes nos pegamos presos ao passado ou ansiosos pelo futuro, sem perceber o que está acontecendo neste exato momento?

O *mindfulness*, ou atenção plena, é uma prática meditativa que nos ensina que estar presente é um ato de resistência e

---

[16] DOMENICO De Masi. **Wikipedia**. Disponível em: https://pt.m.wikipedia.org/wiki/Domenico_De_Masi. Acesso em: 9 abr. 2025.

autoconhecimento. Ele nos tira do piloto automático e nos ensina a viver com mais intenção, mesmo sem exigir mudanças drásticas. Pode ser algo tão simples quanto observar a própria respiração, sem pressa, comer uma refeição sem distrações ou caminhar sentindo cada passo.

São pequenas ações, mas que, somadas, mudam completamente nossa forma de enxergar a vida e nos levam a perceber que a questão não é apenas seguir em frente. É seguir consciente, presente e conectado ao que de fato importa, pois o propósito diz respeito não só ao futuro, mas também a como você vive o agora. Cada respiração, cada pausa e cada reflexão são partes fundamentais desse processo. É o tempo que você dedica para ser inteiro novamente.

Pense nisto: um corredor não corre sem fôlego, um músico não toca sem afinação, e você não pode viver plenamente se não parar para respirar, e é nesse espaço de calma que você encontra a força para avançar – não como quem está correndo, mas como quem está vivendo.

O PODER DO SILÊNCIO

O silêncio é revolucionário em um mundo tão barulhento. Quando silenciei minha mente, pude ouvir minha alma. Foi no silêncio que percebi o que precisava mudar, o que era importante e o que eu podia deixar para trás. Porque ele serve não apenas para descansarmos, mas também para nos reorganizarmos. É o momento de juntar as peças e planejar o próximo passo com mais clareza.

Quando paramos para respirar e mergulhar no silêncio, ganhamos perspectiva. E, com perspectiva, nossas ações se tornam mais intencionais e significativas.

Portanto, pare e escute o silêncio; pois, quando você pausa e deixa o silêncio falar, pode encarar suas limitações com curiosidade, sem julgamentos ou condenações. E respeitar suas limitações é reconhecer que, assim como um rio que enche precisa de margens para conter sua força, nós também precisamos de pausas para canalizar nossa energia de modo produtivo.

Mergulhe no silêncio, medite, respire, visualize. Visualize seu próximo movimento. Use o momento de calmaria para identificar suas prioridades e alinhar suas ações ao que realmente importa. Não se trata de fugir da realidade, mas de enfrentá-la com mais serenidade e equilíbrio.

E aqui está um lembrete importante: se em um dia você não tem cinco minutos para si mesmo, algo está muito errado.

DOMINE SUAS EXPECTATIVAS, ABRACE O CAOS

Muitas frustrações nascem de expectativas desalinhadas com a realidade. Queremos que a vida siga um roteiro, mas a realidade raramente se ajusta a ele. Queremos que as pessoas ajam conforme nossos desejos, mas esquecemos que elas têm suas próprias histórias, limitações e escolhas.

Mas como identificar quando nossas expectativas estão nos sabotando? Basicamente, avaliando de onde vem essa expectativa e se ela é realista. Ela é relativa a algo que queremos, ou não passa de algo imposto por padrões externos, comparações e cobranças sociais? Será que estamos esperando demais de nós mesmos ou dos outros?

Pergunte a si mesmo se está focando o que está ao seu alcance. Algumas coisas dependem apenas de nós, outras não. Saber a diferença entre elas evita frustrações, porque muitas das coisas das quais esperamos algo e dos objetivos que pretendemos atingir são bem mais simples e estão mais acessíveis do que parecem. E é aí que está o segredo: na simplicidade.

Cultivar a simplicidade no processo de evolução pessoal significa entender que nem tudo precisa ser grandioso para ter valor. Pequenos avanços, escolhas diárias e aprendizados discretos são tão transformadores quanto grandes reviravoltas e não nos geram expectativas exacerbadas.

Devemos também aprender a lidar com o inesperado. Afinal, como já comentei, a vida nem sempre será como planejamos; na verdade, em geral é uma sequência de imprevistos. Fechamos uma porta, e outra se abre. Uma relação termina, e outra história começa. Um sonho fracassa, mas um novo caminho aparece. Em muitos momentos, a vida nos dirá coisas que não queremos ouvir. Mudanças inesperadas, rupturas ou situações que não fazem sentido à primeira vista.

Diante do inesperado, muitas vezes entramos em pânico, resistimos, tentamos racionalizar. Mas o inesperado não precisa ser um inimigo; pode ser um professor. Pois esses momentos são desconfortáveis, às vezes até dolorosos, mas têm um propósito: eles nos convidam a crescer e aceitar que a vida não seguir sempre o nosso plano não é motivo para desistir; é necessário amadurecer.

Então, em vez de perguntar: "Por que isso aconteceu comigo?", pergunte: "Para que isso aconteceu?". Essa mudança de perspectiva transforma desafios em oportunidades de aprendizado.

O segredo é transformar tudo o que você vive em aprendizado. Uma perda pode trazer um novo começo. Um fracasso pode ser o alicerce para a reconstrução. Um momento de caos pode ser o impulso para a transformação. A rejeição de uma oportunidade pode ser o redirecionamento para algo melhor. Um "não" de hoje pode ser o "sim" de que você precisava para se reinventar. Uma mudança que você não pediu pode ser exatamente o que o levará até o ponto onde você tem de estar.

Há um conceito do qual gosto muito e que tem tudo a ver com isso: antifragilidade, introduzido por Nassim Nicholas Taleb.[17] O autor fala que devemos ser antifrágeis, isto é, crescer com o caos, usando o impacto como combustível para evoluir e nos fortalecer.

Afinal, os vales da vida não estão aqui à toa; sua função é nos ensinar quem somos e do que somos feitos. E eles nos convidam a fazer perguntas que, muitas vezes, evitamos: "Como eu quero me sentir?", "O que posso fazer hoje para que o vale seja um terreno fértil, e não um ponto final?".

Essas perguntas, e as respostas a elas, não apenas ajudam a encontrar propósito nos momentos desafiadores, mas também permitem que você viva de maneira mais intencional e conectada.

---

[17] TALEB, N. N. **Antifrágil**: coisas que se beneficiam com o caos. Rio de Janeiro: Objetiva, 2020.

CAPÍTULO 9

VALORIZE A JORNADA

A vida nos ensina que a chegada nunca será mais importante do que o caminho percorrido. Mesmo assim, vivemos obcecados pelo destino final, ansiosos por resultados, impacientes com o tempo das coisas. A grande verdade é que, se não aprendermos a apreciar a jornada, chegar ao topo não terá significado algum.

Este capítulo é um convite a enxergar a beleza dos processos, a reconhecer o valor do caminho e a entender que cada etapa tem sua importância.

Você já conquistou muitas coisas, mas será que soube apreciá-las? Quantas vezes, assim que alcançou algo que desejava, já passou a mirar a próxima meta sem sequer celebrar o que havia acabado de viver?

A vida acontece no trajeto. Está na hora de olhar para isso com mais profundidade.

PISE FIRME E INICIE A ESCALADA

Se você soubesse que sua maior realização levaria anos para acontecer, ainda assim, persistiria?

Muitos desistiriam porque acreditam que seria uma jornada longa demais. Mas quem disse que a vida tem prazos definidos? A transformação não acontece no destino, mas, sim, no caminho que percorremos. É nesse percurso que nos moldamos, pois cada erro, cada tropeço e cada tentativa frustrada fazem parte do processo.

E muita gente evita dar o primeiro passo porque teme o desconhecido ou julga ainda não estar pronta para iniciar a jornada. Mas a verdade é que ninguém nunca está 100% pronto. A preparação completa não existe. O que existe é a decisão de começar, de se permitir viver cada etapa e ajustar a rota sempre que necessário.

Se você está esperando a confiança surgir para agir, saiba que ela vem do movimento. Nasce do fazer, do aprender com a experiência, do se desafiar. E embora as coisas possam acontecer de um jeito diferente do esperado, isso não significa que o novo caminho também não seja uma possibilidade.

Imagine que você está planejando uma viagem. Antes de partir, você define o destino, escolhe os lugares que quer visitar, organiza a mala e traça o roteiro. Mas você sabe que, no meio do caminho, imprevistos podem surgir. Talvez um voo seja cancelado, um restaurante que você queria conhecer esteja fechado ou o clima não colabore com seus planos.

O que você faz? Volta para casa? Ou se adapta e descobre novas possibilidades?

A vida funciona exatamente assim. Então, ter um objetivo é essencial, mas aprender a lidar com o imprevisível, como vimos no capítulo anterior, é o que o fortalece de verdade, pois o caminho que você percorre hoje é parte essencial de quem está se tornando. E se você não prestar atenção, passará pela vida esperando pelo "momento certo", que nunca chega.

VALORIZE A JORNADA, ESTEJA PRESENTE

Se cada passo for encarado apenas como um obstáculo, você nunca sentirá a alegria do progresso.

A questão é simples: ou você aprende a valorizar a jornada, ou viverá sempre insatisfeito; afinal, a felicidade está nas pequenas vitórias diárias, nos avanços imperceptíveis, nas dificuldades superadas, nos desafios que o moldam.

Não espere o topo para estar feliz com suas decisões. Aprenda a reconhecer e celebrar suas pequenas conquistas. Aplaudir-se pelo caminho percorrido é tão importante quanto traçar novas metas. E lembre-se de ajustar a rota sem perder o propósito, pois, embora nem tudo saia como planejamos, tudo pode ser ressignificado.

Pense nos momentos em que você superou um dia difícil, resolveu algo que parecia impossível ou simplesmente seguiu em frente quando tudo pesava. Todas essas ações constroem o grande objetivo.

Pergunte-se: o que vale a pena realizar, mesmo que você não tenha certeza da conquista? A resposta a essa pergunta é fundamental para quem escolhe encarar a trilha, pois não há garantias, só o compromisso com o caminhar. E essa trilha é sua. Ninguém mais pode percorrê-la por você. É aí que está a grande beleza: cada escolha, cada passo e cada pausa compõem uma jornada exclusivamente sua.

Quando valorizamos a jornada, também valorizamos o presente. Aqueles que caminham sem presença viajam sem aproveitar a paisagem. Só que a vida exige que você esteja atento ao agora, às lições que cada momento traz.

Ao compreendermos o valor do presente e nos comprometermos com ele, algo mágico acontece: o peso do esforço desaparece. O caminho, antes árduo, ganha um propósito que move, inspira e faz sentido.

Então, apenas encare a trilha, pise firme e inicie a escalada.

BANQUE SUAS ESCOLHAS

Ainda que só desejar algo não seja suficiente, sem desejo não há busca. Sem a disposição de caminhar, o sonho se transforma em uma ideia vaga, pois é a caminhada que transforma o abstrato em concreto. A realização de qualquer objetivo começa com um desejo, mas é sustentada pela ação. Sonhar é essencial, mas caminhar deveria ser inegociável. Como vimos, a caminhada não é apenas o meio para alcançar algo maior; ela é, por si só, o momento em que o significado se revela.

Assim, o que você faz com seus passos importa. A maneira como escolhe enfrentar a subida, lidar com as pausas e reagir às dificuldades define o impacto de suas conquistas. Afinal, não basta chegar lá, é preciso que o "chegar" faça sentido. Mas, mais do que isso, é necessário fazer o caminho valer. Não se trata somente de suportar o processo, mas de vivê-lo.

Para transformar o caminho em algo significativo e eficiente, proponho um olhar possibilitador.

Intencionalidade: a vontade de vivenciar a jornada
Tudo começa com o desejo genuíno de se transformar. Sem intencionalidade, o processo perde força. Então é preciso decidir

conscientemente que você está disposto a encarar o que está oculto e a buscar respostas para suas dúvidas.

Qual é o propósito dessa caminhada? Você está comprometido em aprender com o processo, ou apenas focado no resultado?

Concentração: o foco no essencial

Para refletir de maneira produtiva, é necessário silenciar as distrações e direcionar sua atenção ao que realmente importa. Pergunte a si mesmo: "Isso contribui para meus anseios ou está me afastando do que é importante?".

Identifique o que merece sua energia e exclua aquilo que apenas a drena sem agregar valor.

Flexibilidade: lidando com o inesperado

É preciso ter senso crítico e discernimento para ajustar a rota quando surgem imprevistos ou quando novas informações mudam a perspectiva.

A flexibilidade não enfraquece o processo; ela o fortalece, permitindo que você se adapte sem perder a direção.

Planejamento: organizando ações no tempo e no espaço

A organização requer ordem. Por isso, identifique os recursos (tempo, energia, conhecimento) e alinhe-os de maneira eficaz para que o processo tenha fluidez. Sem organização, suas escolhas podem se perder em um emaranhado de ideias dispersas.

Depois de organizar, o próximo passo é planejar como transformar as ideias em ações: distribua suas intenções ao longo do tempo e defina um espaço adequado para realizá-las. O planejamento é o elo entre a organização e a prática.

Use ferramentas, métodos ou até pequenos rituais que o ajudem a estruturar seus dias, mas sempre com espaço para ajustes.

Prioridade: decidindo o que fazer primeiro
Nem tudo pode ser feito ao mesmo tempo. Priorize suas ações com base na importância e no momento ideal para realizá-las. Pergunte-se: o que é mais relevante agora?

Essa clareza de ideias permite que você avance com propósito e eficiência, sem sobrecarregar sua energia com o que não é essencial.

Esse caminho nos possibilita tomar posse de nossa vida, e isso é muito mais do que uma escolha; é uma decisão diária. Não se trata de esperar que o mundo mude para agir, mas de criar o mundo que desejamos a partir de nossas próprias convicções, porque tomar posse de nossa vida não significa ser inabalável, mas sim autêntico. Tem a ver com ser verdadeiro com quem você é e encontrar força na vulnerabilidade, na coragem e na clareza de viver conscientemente.

O ORDINÁRIO É EXTRAORDINÁRIO

Somos ensinados a buscar momentos grandiosos, a sonhar com grandes marcos, a desejar aplausos e reconhecimento. Mas e se tudo o que realmente importa já estiver ao nosso alcance? E se o extraordinário não estiver lá fora, esperando para ser encontrado, mas aqui, escondido no ordinário?

Imagine que você está vivenciando um momento fugaz de felicidade: uma risada com um amigo, a luz do sol entrando pela janela, o calor da presença de alguém. Em vez de ter pressa, pare.

Feche os olhos. Tire uma foto mental. Saboreie isso. Esses momentos são os fios que tecem uma vida plena, pois, na maioria das vezes, o problema não está na complexidade da vida, mas em nossa recusa em enxergar o óbvio. Ignoramos o poder de um "obrigado" sincero, de um sorriso genuíno, de uma pausa intencional para respirar ou uma decisão tomada com propósito. É esse tipo de ação que gera conexões e significados, pois elas são pequenas, mas poderosas. São ações simples, mas que mudam para a melhor a vida – tanto a nossa quanto a dos outros –, pois é no pequeno que a vida começa a se transformar. Portanto, não subestime o poder da simplicidade.

Respire fundo. Olhe ao seu redor. Às vezes, o que é realmente importante não está na complexidade, mas na leveza, naquilo que, sim, é tão evidente que deixamos de notar, já que a verdadeira consciência não vem de grandes epifanias, mas de notar os detalhes. Ela está no cotidiano. O extraordinário não está fora do alcance, está apenas oculto, esperando que você o reconheça. E ele não exige grandes gestos; basta perceber a beleza no óbvio, ter coragem de agir no simples e força para honrar quem você é.

Quando foi a última vez que você agradeceu a alguém sinceramente? Ou sorriu para um estranho? Ou parou por tempo suficiente para perceber a luta silenciosa de alguém?

É aí, nesses momentos, que o extraordinário se esconde. É nesses momentos que tornamos a vida mais leve. Porque a complexidade pesa sobre nós, e simplificar sua vida é abrir espaço para o que realmente importa. Desfaça-se do ruído. Liberte-se daquilo de que você não precisa: os rancores, as distrações, as coisas que o impedem de ver a beleza do momento presente.

Então, o que o está impedindo? Qual desculpa você está usando para continuar vivendo uma vida menor do que é capaz?

O extraordinário está bem na sua frente. A questão é se você tem coragem de vê-lo.

Pergunte a si mesmo qual pequena ação você pode tomar hoje e que o levará para mais perto da vida que deseja. E faça o que tem de ser feito. Sem desculpas. Sem atrasos. Pois chegou a hora de parar de ignorar sua vida. **O extraordinário está esperando; tudo o que você precisa fazer é olhar querendo ver.**

HONRE SUA TRAJETÓRIA

Seus valores são seu legado – e ninguém pode tirá-los de você.

A jornada que o trouxe até aqui merece ser celebrada. Hoje você se conhece melhor. Sabe o que o move, o que o fortalece e, principalmente, o que nunca mais aceitará deixar de lado. Mais do que conquistar algo externo, você conquistou a si mesmo.

Essa não é uma vitória qualquer. É a vitória de quem escolheu sair do piloto automático e construir uma vida que faz sentido, que tem propósito, que tem verdade. É a vitória de quem entendeu que o maior sucesso não está em atender as expectativas alheias, mas em ser fiel à própria essência.

Seus valores são sua assinatura no mundo.

Fabiane Maimone, em *Mapa da coragem*,[18] e Brené Brown, em *A coragem para liderar*,[19] falam sobre a importância de identificar e sustentar nossos valores, pois eles são o filtro pelo qual vivemos, decidimos, agimos.

---

[18] MAIMONE, F. *op. cit.*

[19] BROWN, B. **A coragem para liderar**: trabalho duro, conversas difíceis, corações plenos. Rio de Janeiro: BestSeller, 2019.

Na lista a seguir, quais palavras traduzem aquilo de que você não abre mão, em nenhuma circunstância? Essas palavras refletem seu compromisso com quem você se tornou.

1. Adaptabilidade
2. Alegria
3. Altruísmo
4. Ambição
5. Ambiente
6. Amizade
7. Amor
8. Amor-próprio
9. Aprendizado
10. Autenticidade
11. Autodisciplina
12. Autoexpressão
13. Aventura
14. Beleza
15. Bem-estar
16. Benevolência
17. Bondade
18. Carreira
19. Colaboração
20. Compaixão
21. Competência
22. Compreensão
23. Comprometimento
24. Comunidade
25. Conexão
26. Confiabilidade
27. Confiança
28. Conhecimento
29. Contribuição
30. Convicção
31. Cooperação
32. Coragem
33. Correr riscos
34. Criação dos filhos
35. Criatividade
36. Crescimento

37. Cuidado
38. Curiosidade
39. Desafio
40. Desenvoltura
41. Dignidade
42. Diversão
43. Diversidade
44. Eficiência
45. Esperança
46. Espírito esportivo
47. Espiritualidade
48. Equilíbrio
49. Estabilidade financeira
50. Ética
51. Excelência
52. Família
53. Fazer a diferença
54. Fé
55. Franqueza
56. Frugalidade
57. Generosidade
58. Gerações futuras
59. Gratidão
60. Harmonia
61. Honestidade
62. Humildade
63. Humor
64. Igualdade
65. Inclusão
66. Independência
67. Iniciativa
68. Integridade
69. Intuição
70. Justiça
71. Lazer
72. Lealdade
73. Legado
74. Liberdade
75. Liderança
76. Natureza
77. Ordem
78. Orgulho

79. Otimismo	97. Segurança
80. Paciência	98. Segurança no emprego
81. Patriotismo	99. Ser o melhor
82. Perdão	100. Serenidade
83. Perseverança	101. Serviço
84. Pertencimento	102. Simplicidade
85. Plenitude	103. Singularidade
86. Poder	104. Sucesso
87. Proteção	105. Tempo
88. Realização	106. Trabalho em equipe
89. Reconhecimento	107. Tradição
90. Respeito	108. Transparência
91. Responsabilidade	109. Utilidade
92. Retribuição à sociedade	110. Verdade
93. Riqueza	111. Viagem
94. Sabedoria	112. Visão
95. Satisfação	113. Vulnerabilidade
96. Saúde	

Agora, pergunte a si mesmo se suas escolhas refletem esses valores. Por fim, se for o caso, ajuste o que for necessário para alinhar suas ações ao que realmente importa para você.

Agora eu o convido a fazer um exercício.

Reflita

Quais são os três valores que você considera inegociáveis em sua vida?

1. _____

2. _____

3. _____

CAPÍTULO 10

PELOS OLHOS DELAS

A vida nos oferece incontáveis encontros. Alguns são casuais; outros, determinantes. Mas poucos são tão transformadores quanto o encontro consigo mesmo. E talvez esta seja a jornada mais difícil e necessária que podemos trilhar: olhar para dentro, sem filtros, sem máscaras, sem atalhos.

Durante minhas mentorias, testemunhei encontros grandiosos. Vi pessoas que chegaram fragmentadas e, peça por peça, reconstruíram sua essência. Vi inseguranças se dissolvendo, limites sendo desafiados, medos se transformando em ação. Vi olhares que, antes duvidosos, agora brilham com a certeza de quem sabe que merece ocupar o próprio espaço no mundo.

O caminho do autoconhecimento pulsa, desafia, exige coragem, mas também presenteia com liberdade. Cada etapa dessa jornada me mostrou, mais uma vez, que o que faço não é apenas orientar, mas testemunhar renascimentos. Vibro com cada conquista, com cada percepção. Nada me traz mais alegria do que ver cada um habitando-se de si.

REFLEXO DA VERDADE

O que vejo aqui, hoje, é o reflexo de mulheres que se reapropriaram da própria imagem, que voltaram a enxergar potência onde antes só viam dúvidas.

O processo do autoconhecimento foi um convite para que elas se olhassem além da superfície. Para que se perguntassem, de maneira honesta e sem medo: "Quem sou eu?". E agora a resposta já não é mais um eco vazio. Ela tem voz, tem forma, tem presença.

Agora o espelho reflete mulheres que sabem seu valor, se apropriam de suas escolhas e entendem que a jornada nunca termina – apenas se reinventa.

Cada história compartilhada aqui é a prova viva de que essa metodologia funciona. E funciona porque não envolve fórmulas mágicas ou atalhos fáceis. Trata-se de olhar para si com verdade e agir com intenção. Os depoimentos a seguir são de pessoas que se permitiram melhorar, que tiveram a coragem de sair da inércia e assumir as rédeas da própria vida.

Alessandra Valente, educadora

> Partindo da premissa de que somos seres em constante evolução, o autoconhecimento deveria ser o caminho natural para a construção de nossa melhor versão. Ao longo da vida, acabamos nos dedicando a atender às expectativas da sociedade, como buscar um bom trabalho ou formar uma família. Durante esse processo, olhamos tanto para os outros que acabamos nos esquecendo de nos conhecer de maneira verdadeira – nossos sonhos, nossas fragilidades, nossos planos e desejos mais sinceros.

O desenvolvimento pessoal não é algo exclusivo de quem o busca isoladamente. Ele impacta também a vida das pessoas ao nosso redor. Muitas vezes, o que parece inalcançável se torna simples e possível quando ajustamos as rotas de nossa vida. Pequenas mudanças podem despertar comportamentos e atitudes que antes pareciam improváveis.

Quando iniciei meu processo de autoconhecimento, não tinha plena consciência de quão profundo precisaria ir para aceitar o que parecia óbvio. Fui oscilando entre "saber tudo" e, na verdade, "não saber nada". As leituras sempre foram valiosas, pois trouxeram reflexões necessárias e provocativas.

Deixar-me acessar verdadeiramente, sem medo e restrições, tem sido um processo difícil e contínuo, em cujo percurso há várias oscilações e descompassos. Na finitude da vida, não sabemos quando será escrita a última página da nossa existência, mas sabemos que o hoje é o tempo mais precioso que existe.

Sempre achei que teria tempo para fazer a vida acontecer depois. Depois de casar, depois de ter filhos, depois de comprar a casa de meus sonhos, depois de alcançar sucesso profissional... Sempre o depois. Só me esqueci de calcular que esse "depois" chega todos os dias, pois, na verdade, o único tempo real que temos é o AGORA. Se deixarmos para depois, não permitiremos nosso próprio despertar. A vida real não espera e não rebobina. Entender isso é um ato de amor a nós mesmos.

Sem o olhar carinhoso e cuidadoso para si mesmo, a vida é simplesmente entregue ao outro. Nós nos tornamos pessoas aparentemente fortes o suficiente para carregar todos os problemas; fortes o suficiente para engolir mágoas e frustrações não ditas; fortes o suficiente para colocar todos no colo e seguir caminhando sorrindo; fortes o suficiente para suportar o que não era necessário e, ainda assim, não se deixar abater. E ao final desse caminho, o que fizemos por nós mesmos?

Ao buscar o desenvolvimento pessoal, percebi que as respostas sempre estiveram dentro de mim. Bastava eu querer acessá-las.

Quantas vezes fazemos pelos outros coisas de que eles nem precisam, mas o fazemos para vê-los felizes?

Faça por si mesmo não só aquilo de que necessita, mas principalmente o que o faz feliz.

Com a tomada de consciência, cabe a cada um de nós escolher continuar vivendo a vida como sempre foi, aceitar e esperar, ou sonhar, se arriscar e viver a história que o coração mandar.

Ana Paula Pereira, empresária

O autoconhecimento, para mim, tornou-se essencial. É um processo contínuo, uma necessidade diária para viver alinhada com meus valores e objetivos. E, ainda que seja uma jornada poderosa, ela não vem sem desafios.

Olhar para dentro exige coragem. Não basta mudar hábitos ou crenças superficiais, é necessário encarar o que está escondido. Muitas vezes, isso significa lidar com partes de mim que evitei por anos – dores, memórias que pareciam esquecidas, sentimentos que precisavam ser curados e ressignificados. É incômodo, desconfortável, mas também libertador.

Para caminhar com mais leveza, aprendi que preciso me cercar de ferramentas que me apoiem nesse crescimento. A escrita reflexiva me permite processar emoções, entender minhas reações e encontrar clareza em meus pensamentos. A meditação me ensina a estar presente, a me ouvir antes de reagir. Testes de personalidade, autoavaliações e a definição de valores me ajudam a entender quem sou, quais são meus limites e o que realmente importa.

Mesmo assim, essa jornada é desafiadora. Há dias em que a confusão parece maior do que o entendimento. Há momentos em que me vejo travada, sem saber qual caminho seguir. Mas aprendi que é nesses momentos que mais evoluo. O autoconhecimento não é uma questão apenas de respostas, mas de fazer as perguntas certas.

Cada descoberta, por mais difícil que seja, me ensina a olhar para mim mesma com mais respeito e compaixão. Aceitar que algumas coisas não podem ser mudadas, mas que sempre posso escolher como lidar com elas, é uma pequena vitória. Não se trata de um destino final, mas de um movimento constante – de resiliência, autorreflexão e crescimento contínuo.

Hoje, me permito ser quem sou. Busco aprendizado constante, me cerco de pessoas que me inspiram, estudo minhas próprias emoções e me esforço para tomar decisões mais adequadas. A escuta ativa se tornou uma ferramenta essencial, pois percebi que, quanto mais me conecto com o outro, mais entendo sobre mim mesma.

E, no fim, esta é a maior lição: o autoconhecimento é um ato de amor-próprio. É me acolher, me respeitar e, acima de tudo, me comprometer a ser minha melhor versão – não para os outros, mas para mim mesma. Porque, quando me encontro, quando me aceito, quando honro minha história, percebo que sempre fui suficiente. E isso muda tudo.

Andrielly Antunes, consultora de imagem

Durante muito tempo, fui cética em relação ao autoconhecimento. Na minha ignorância sobre o assunto, acreditava que era uma ideia propagada por gurus que queriam nos convencer de algo sem fundamento. Mas hoje, olhando para minha jornada, sinto uma gratidão imensa por ter encontrado esse caminho. Mesmo sem perceber, meus pensamentos e minhas atitudes sempre tiveram uma conexão com o autoconhecimento, mas de maneira desorganizada, sem estrutura. Era como se eu estivesse tentando montar um quebra-cabeça sem saber qual imagem final eu buscava.

Foi em 2021 que minha vida mudou completamente. Ao me deparar com o primeiro livro de Alessandra Vasques, senti como se um portal tivesse sido aberto dentro de mim. Cada página lida era um despertar; cada capítulo, uma revelação que tocava minha alma de modo profundo. Li o livro em poucos dias, e a cada parágrafo minhas emoções transbordavam. Lágrimas rolavam pelo meu rosto – não de tristeza, mas de reconhecimento, de compreensão, de um encontro verdadeiro comigo mesma. Eu estava descobrindo um universo que sempre existiu dentro de mim, mas que eu nunca havia explorado.

A partir daquele momento, meu olhar para a vida se transformou. Passei a me enxergar com mais amor, mais respeito, mais coragem. Aprendi a me valorizar, a não aceitar menos do que mereço e, principalmente, a dizer "não" sem culpa, sem dúvidas, sem medo. A consciência de quem sou e do que mereço me trouxe uma paz indescritível, uma sensação de plenitude e pertencimento que nunca havia experimentado.

O autoconhecimento também fortaleceu os meus laços mais preciosos. Meu relacionamento com meu marido se tornou mais profundo, com mais cumplicidade e respeito. Minha relação com minha filha floresceu, pois hoje entendo a importância de ouvir, acolher e permitir que cada um trilhe seu próprio caminho. Aprendi a respeitar não só a mim, mas também o outro, aceitando ou não suas escolhas, mas sempre com respeito e compreensão.

Hoje, o autoconhecimento é a base da minha vida, da minha essência, do meu trabalho. Ele me guia, me impulsiona e me faz querer ser melhor a cada dia. Sinto uma gratidão imensa por essa jornada, por cada descoberta, por cada obstáculo superado. Já são alguns anos nessa caminhada linda e transformadora, e me orgulho profundamente de cada passo dado. Sei que estou construindo um futuro ainda mais brilhante para mim, e essa certeza me enche de esperança e alegria.

Se existe algo que desejo a todas as pessoas, é que tenham a coragem de se conhecer, de se permitir, de se reencontrar. O autoconhecimento é um presente precioso, e sou imensamente grata por ter tido a oportunidade de recebê-lo.

Heluana Lima, advogada

De tudo o que já aprendi ao longo da vida, nada foi tão potente e libertador quanto o autoconhecimento. Conhecer a mim mesma, apesar de parecer algo simples, revelou-se um processo contínuo, profundo e, muitas vezes, desafiador. Exigiu coragem para encarar verdades, para me despir das ilusões que carregava e para me reconstruir com mais consciência. Mas foi também a jornada mais gratificante que já trilhei, porque nada se compara à sensação de estar em paz comigo mesma e no comando de minha própria vida.

O autoconhecimento me trouxe autonomia e liberdade. Autonomia para olhar com clareza para quem eu sou, reconhecer minhas nuances, sombras, potências e tudo o que me compõe. Foi ao me enxergar por completo que aprendi a lapidar o que precisava ser transformado e a explorar, com mais intenção, aquilo que já era minha força. Saber quem eu sou me permitiu escolher como quero existir no mundo.

Também entendi a liberdade, porque minhas decisões e minha paz nunca mais estiveram atreladas à aprovação de ninguém. O que faz sentido para mim não é mais determinado pelo olhar do outro ou pelas imposições externas. Ao compreender minha essência, passei a enxergar o mundo com autenticidade, sem ter de me moldar para caber em espaços que não me pertencem.

Foi ao me conhecer que entendi minha singularidade. Há apenas uma versão de mim em todo o Universo, e isso é poderoso. Não existe receita pronta para quem eu sou, então ninguém pode me dizer como devo viver. Isso me fez perceber que, antes de me tornar especialista em qualquer coisa, eu precisava ser especialista em mim mesma. Caso contrário, qualquer um poderia definir por mim quem eu sou – e qualquer coisa poderia me servir.

O autoconhecimento também me ensinou sobre limites. Ter clareza sobre eles me permitiu traçar uma linha inegociável sobre o que aceito e o que não permito mais na minha vida. Ao mesmo tempo, me trouxe consciência do que me faz bem, de onde quero estar, com quem quero compartilhar minha presença e o que realmente me faz feliz.

> Hoje eu sei que minha felicidade não é um acaso, é uma construção. E essa construção começa e termina em mim.

Kamila Carvalho, supervisora administrativa

Um corpo, um rosto e seu reflexo. O que vemos, o que sentimos e o que tocamos estão mesmo conectados? São o contexto de nossa identidade? Essas perguntas foram reais para mim. A sensação de olhar no espelho, tocar meu rosto e não me reconhecer, sentir minhas próprias mãos sem ter a certeza de quem sou... Posso garantir que foi a experiência mais estranha que vivi. E sei que esse sentimento não é exclusivamente meu.

A vida acontece a todo instante, e nos moldamos ao longo de nossa trajetória, de nossas necessidades e vontades. Mas quantas mudanças ocorrem em nossa identidade sem que percebamos?

Essa sensação me atravessou há quinze anos, após sofrer um grave acidente de carro. Fiquei dias na UTI e renasci. Os hematomas, a cabeça raspada, os inúmeros pontos e escoriações me roubaram de mim. Em que momento permiti que um acidente levasse minha identidade? Depois de dias internada sem me ver, só me tocar, eu me sentia uma sobrevivente. Mas, ao finalmente me olhar no espelho, não me sentia ninguém. Eu era apenas um corpo e me perguntava: "Quem sou eu?".

Recordo-me, com uma verdade cortante, da forma como tocava meu rosto no hospital. Foi ali que começou minha jornada de autoconhecimento. E, por mais dolorosa que tenha sido, hoje sei que foi necessária e transformadora. Começou ali também uma caminhada de fé com uma intensa vontade de me pertencer novamente.

A recuperação foi lenta e, no início, repleta de revolta. Eu só me questionava: "Por que comigo? Eu sou uma pessoa tão boa, não faço mal a ninguém". Com o tempo, após muitos livros, treinamentos e reflexões, essa pergunta se transformou em: "Que bom que foi comigo. Eu pude superar, me tornar melhor. E quantos não têm essa oportunidade?". O estudo, o autoconhecimento e a conexão com pessoas que nos elevam e nos ensinam o olhar da gratidão e do entendimento tornam o processo mais grandioso.

O acidente não me roubou de mim. Pelo contrário, ele me mostrou quem eu realmente sou. Revelou lacunas, inclusive algumas que sequer eram verdadeiras. Ensinou-me que cabelo cresce, que o mundo não deixa de se mover para lidar com nossas dores e que algumas mudanças são necessárias para que outras possam acontecer. Compreendi que minha dor não é a maior do mundo e que me esconder atrás do vitimismo não me tornaria uma pessoa melhor, apenas prisioneira de mim mesma.

O autoconhecimento é um processo contínuo. Temos o poder de escolha, o poder de moldar nossa vida e de nos tornarmos pessoas mais capazes e melhores. Podemos decidir o que tira nossa paz e o que nos eleva. Desde o acidente, vivi tantas experiências incríveis! Conheci lugares, países, pessoas. Aprendi que uma conversa sincera e um olhar acolhedor podem transformar vidas.

No ano passado, com a ajuda de minha mentora, comprometi-me a voltar a dirigir e a superar meu último grande obstáculo: aquele reflexo do hospital que ainda me assombrava. Depois de quatorze anos, consegui. Hoje, dirijo com leveza, gratidão e respeito por tudo que vivi.

Continuo a me olhar no espelho e enxergo todas as minhas mudanças. É claro que, esteticamente, não gosto de algumas delas, mas tenho a coragem de ser gentil comigo e de me acolher. Ao me tocar, sinto-me conectada com quem sou: Kamila, em corpo e alma, unidos em um só ser.

Ao escrever este texto, tive a certeza de que era isso que faltava para liberar aquele último reflexo que ficou no hospital. Obrigada, Ká! Você me trouxe de volta a mim mesma.

Luciane Maeda, psicóloga

O autoconhecimento é uma jornada contínua, uma estrada sem ponto final, que nos leva a explorar profundamente emoções, valores, crenças e comportamentos. Iniciei essa caminhada em 2017 e, desde então, o autoconhecimento tem sido fundamental para meu desenvolvimento, tanto na esfera profissional quanto na pessoal. Ao longo dos anos, percebi que me entender transformou não apenas a maneira como enfrento desafios, mas também a forma como me relaciono com os outros e com o mundo ao meu redor.

A cada nova descoberta, a clareza sobre quem sou e o que desejo para minha vida se tornou mais evidente. E essa busca foi muito além da teoria. Ela se tornou prática, experiência, vivência. Porque conhecer-se não é um conceito distante, é ação. É sair do automático, confrontar verdades e sustentar escolhas.

Aprofundar essa jornada me levou a uma das maiores conquistas da minha vida: aos 60 anos, concluí minha segunda faculdade e me formei psicóloga. Algo que, anos atrás, parecia um sonho distante, tornou-se realidade não apenas pelo desejo de aprender, mas também pela certeza de que nunca é tarde para nos reinventarmos. O autoconhecimento me permitiu enxergar com nitidez quais caminhos eu queria trilhar, o que fazia sentido e quais eram os passos que eu precisava dar.

Na minha vida profissional, entender a mim mesma me ajudou a identificar minhas verdadeiras paixões e habilidades. Saber o que realmente me motiva e reconhecer meus pontos fortes me trouxe segurança para tomar decisões mais alinhadas com meus objetivos. Ao compreender melhor minha trajetória e tudo o que construí ao longo dela, aprendi a valorizar meu próprio caminho, sem comparações, sem pressa, sem a necessidade de validação externa.

Essa clareza me proporcionou confiança para me posicionar com mais coragem em qualquer ambiente, permitindo-me expressar minhas ideias e contribuir de maneira significativa para aqueles ao meu redor. O autoconhecimento me mostrou que ter habilidades técnicas é importante, mas ter consciência de quem sou e da potência que carrego me torna ainda mais capaz.

Essa jornada também mudou o jeito como me relaciono com as pessoas. Ao compreender melhor minhas emoções e reações, aprendi a gerenciar conflitos com mais maturidade e a me comunicar de maneira mais clara e assertiva. Percebi que a forma como me vejo impacta diretamente no modo como o outro me percebe. A empatia passou a ser um exercício diário; pois, quando reconhecemos nossas próprias vulnerabilidades, nos tornamos mais generosos e compreensivos com os desafios do outro.

No âmbito pessoal, o autoconhecimento trouxe uma nova perspectiva para minha vida. Aprendi a estabelecer limites, a priorizar meu bem-estar emocional e a fazer escolhas mais conscientes. Hoje sei exatamente o que me faz bem e o que não cabe mais na minha trajetória. Deixei para trás a necessidade de agradar, de me encaixar, de seguir padrões que não refletem quem eu sou.

Nem sempre foi fácil, e muitas vezes senti o peso da mudança, mas cada passo dado reforçou a certeza de que eu estava no caminho certo. Essa jornada me mostrou que ser fiel a si mesmo não é um luxo, é uma necessidade.

Estamos em constante transformação, e o autoconhecimento nos dá as ferramentas para seguir em frente com mais leveza e segurança. Hoje, ao olhar para trás, percebo que cada desafio enfrentado, cada decisão tomada e cada passo dado me trouxeram até aqui. E se há algo que posso afirmar com convicção, é que valeu a pena.

Mayara Moraes, médica

Eu sou Mayara Moraes Machado, nascida em 1992, filha mais velha de Valdioni e Marta, irmã de Thaynara, médica e mãe do Guilherme. Mas quando penso em quem realmente sou, percebo que não dá para me definir só por títulos ou rótulos. O autoconhecimento me ensinou que somos muito mais do que aquilo que mostramos para o mundo. Somos camadas, somos processos, somos as dores que escondemos e as vitórias que nem sempre celebramos.

Conhecer-se de verdade não é um caminho fácil. Muitas vezes, significa encarar aquilo que evitamos por tanto tempo: as inseguranças, os medos, as partes de nós que gostaríamos que fossem diferentes. Mas, no meio disso tudo, existe uma descoberta libertadora, uma paz que excede todo e qualquer entendimento: a serenidade que não depende do que acontece ao nosso redor, mas do que cultivamos dentro de nós.

Aprendi com o autoconhecimento que estabelecer limites não é egoísmo, é autocuidado. Sempre tive medo de decepcionar, de parecer dura demais, de ser mal interpretada. Até entender que meus limites não ferem ninguém, só incomodam aqueles que estavam acostumados a ultrapassá-los.

O autoconhecimento é uma transformação constante. Já me agarrei a versões de mim que não me representavam mais, por medo de mudar, por receio do desconhecido. Mas mudar, por mais desconfortável que seja, é o que nos permite crescer. Assim como a borboleta precisa romper o casulo para voar, a gente também precisa se libertar de padrões que já não fazem mais sentido.

E, no meio desse processo, percebo que minha história não é só minha. Tudo o que aprendo, tudo o que ressignifico, acaba tocando outras pessoas. Talvez eu nunca saiba quem foi impactado por minhas palavras e atitudes, mas entendo que compartilhar minha jornada faz a diferença. Assim como tantas vezes me inspirei na coragem de outros, posso ser esse impulso para alguém.

Aprendi que nem sempre a vida faz sentido enquanto estamos vivendo. Muitas vezes, só entendemos as peças do quebra-cabeça quando olhamos para trás. E tudo – as dores, os aprendizados, os momentos difíceis – se torna parte de algo maior. Já me questionei muitas vezes, já duvidei de meu caminho, mas hoje vejo que cada fase me trouxe até aqui. Cada etapa do processo me fez ser exatamente quem e como eu sou.

E o autoconhecimento exige coragem. É se despir das máscaras, olhar para dentro e aceitar quem você é, com todas as imperfeições. E isso não significa ter tudo resolvido, mas sim escolher viver de maneira mais verdadeira, mais leve, mais alinhada com o que realmente faz sentido.

No fim, se conhecer é se libertar. É entender que não precisamos ser perfeitos para sermos inteiros. É abraçar a própria história, com todas as suas nuances, e seguir em frente sabendo que, quando vivemos nossa verdade, inevitavelmente inspiramos os outros a fazerem o mesmo.

Com o autoconhecimento, descobri que não existe nada mais empoderador do que se acolher. Hoje me carrego pelos braços, me acaricio, me cuido e me amo, porque sei que sou minha melhor versão, dia após dia.

Regina Peres, paisagista

Autoconhecimento. Até um ano atrás, para mim essa palavra era algo vago, distante. Eu sequer tinha tempo para parar e pensar sobre seu significado. Sou uma mulher de 45 anos, solteira, mãe de três filhos lindos e saudáveis, já avó, autônoma e totalmente independente. A vida inteira, me considerei a responsável por tudo o que faço, afinal sou a provedora de minha casa, quem toma todas as decisões. Eu acreditava, sim, que sabia quem eu era. A "protagonista", como tantos costumam dizer por aí.

Mas então, em uma palestra, algumas perguntas simples – "Do que você gosta?" – me atingiram de um jeito que eu não esperava. Fui pega desprevenida. Nunca havia parado para pensar com profundidade na resposta a essa pergunta. Pela primeira vez, fui obrigada a olhar para um lugar onde nunca me aventurei: para dentro de mim mesma.

E foi ali, naquele instante, que algo despertou. Como se uma venda tivesse sido retirada de meus olhos, comecei a enxergar tudo o que, até então, eu ignorava. Vieram as lágrimas, muitas. A cada nova pergunta, ficava claro que eu não sabia quase nada sobre mim. E naquele dia o tal "autoconhecimento" deixou de ser um conceito distante e passou a fazer sentido.

A partir daquele momento, comecei a olhar para minha vida com novos olhos. Coisas simples, que antes passavam despercebidas, agora ganhavam outro significado. Defeitos que eu jamais reconheceria se alguém os apontasse para mim começaram a se tornar evidentes. O turbilhão de emoções foi inevitável.

E, com esse novo olhar, nasceu também uma inquietação: quem é a Regina?

A jornada de se conhecer é transformadora, mas não confortável. É olhar para as próprias falhas e perceber o quanto queremos mudar de imediato. Mas não é algo assim tão simples. Há padrões, crenças e cicatrizes profundamente enraizadas. Por vezes, me perguntei se não seria mais fácil seguir como antes, vivendo um dia após o outro, sem me questionar tanto.

Mas quando entendi o impacto que isso tem em minha vida – e na vida de quem está ao meu lado –, não houve mais como voltar atrás.

Desde então, passei por altos e baixos. Sendo honesta, mais baixos do que altos. Algumas vezes me sinto perdida, outras vezes choro. Mas também há os momentos em que descubro algo lindo sobre mim e minha história. Como o fato de que, apesar de tudo, sou resiliente.

E isso me dá orgulho.

Sim, dói perceber o que ficou para trás. Dói encarar sombras que eu sequer reconhecia. Mas aprendi a me tratar com carinho. A me respeitar. A me olhar no espelho e ver além dos rótulos que carreguei por tanto tempo.

Hoje sei que tenho uma essência linda e um grande potencial. Estou no processo. E que jornada incrível tem sido! Olha até onde eu cheguei.

Parabéns para mim!

Roberta Folego, empresária

Desconfiar do meu potencial era algo que estava realmente cravado em mim, ou seria possível arrancar esse sentimento pela raiz?

Como ervas daninhas, pensamentos negativos invadiam minha mente, me paralisavam e escondiam um belo jardim pronto para florescer. Mas, para ver esse jardim vivo, precisei abrir a fresta da janela de minha mente e permitir que o autoconhecimento entrasse.

Durante muito tempo, enxerguei a vida através de um filtro pesado de insegurança. O ego e o medo de errar dominavam meus pensamentos.

Sofrer por antecipação parecia a única maneira correta de viver, mantendo-me constantemente alerta e preocupada com o futuro. O presente? Não havia espaço para ele; não havia tempo para mim ou para minhas necessidades. Eu insistia em tentar transbordar um copo vazio, como se isso fosse possível.

Sentia tudo intensamente: era emotiva demais, brava demais, correta demais, preocupada demais. Tudo era exagerado, exceto a minha vida, que parecia pequena e insuficiente. Cheguei ao limite físico e mental, e meu corpo, de modo sábio, mostrou os desequilíbrios que eu vinha ignorando havia anos.

Por muito tempo, o filtro da insegurança não me deixou perceber que eu precisava de ajuda, mas, em algum momento, algo despertou dentro de mim. Era tudo ou nada. O pensamento "ou eu mudo, ou perderei tudo que conquistei até aqui" ecoava incansavelmente.

Foi a partir daí que comecei a olhar com mais carinho para minha história, compreendendo meu caminhar, perdoando minhas falhas e permitindo que a luz, ainda tímida, do autoconhecimento clareasse minha mente.

Aos poucos, os medos começaram a perder força, e dei os primeiros passos para retomar o controle de minha vida.

Como um bebê que precisa aprender a andar, precisei ter paciência e persistência. Caminhei por terrenos desconhecidos, porém cheios de possibilidades que sempre estiveram ali, à minha espera. Sem pressa, com passos cuidadosos – às vezes receosos, outras vezes entusiasmados –, percebi que era possível criar uma nova versão de mim mesma, honrando minha história e valorizando tudo o que vivi.

Novos horizontes se abriram e, com eles, chegaram oportunidades e aprendizados transformadores. Descobri conexões genuínas e ambientes seguros que acolheram minhas dores e dúvidas. Antes eu acreditava que ninguém poderia me entender, pois não tinham passado pelo que passei. Hoje percebo que, na verdade, quem não me entendia era eu mesma. Eu tinha a convicção equivocada de que deveria enfrentar tudo sozinha, que precisava resolver minhas angústias sem ajuda.

A mentoria de autoconhecimento me mostrou o poder do grupo e o impacto profundo que pessoas certas têm na nossa jornada, e estar cercada de pessoas e apoiada transformou completamente minha maneira de enxergar a vida.

Claro que eu gostaria de ter despertado mais cedo, ter me tratado com mais carinho e causado menos feridas em mim mesma. Mas compreendo que cada marca, cada cicatriz, faz parte do que me tornei hoje. E quem sou eu hoje? Eu sou a Roberta Folego e, além de todos os títulos, sou alguém em busca do amor-próprio e da felicidade real. Hoje tenho plena consciência de que somente o autoconhecimento pode me levar até eles.

Silvany Monteiro, empresária

O autoconhecimento, para mim, sempre foi como uma caixa-surpresa. Eu sabia que havia algo lá, mas nunca tive coragem de abri-la por completo. Até que um dia, sem avisar, a vida me colocou diante dessa caixa. Dentro, encontrei minha mente, meu subconsciente e todas as respostas que por tanto tempo procurei fora de mim.

Foi aí que tudo começou a fazer sentido. Passei a compreender por que sou como sou, por que sinto o que sinto, por que ajo da forma que ajo. Foi um despertar desconfortável, mas absolutamente necessário. Porque crescemos, seguimos a vida, mas muitas vezes carregamos um vazio que não sabemos nomear. Algo dentro de nós parece incompleto, mas seguimos ignorando esse incômodo até que ele se torne impossível de silenciar.

Foi assim que me vi questionando: quem sou eu, de verdade? Por que priorizo tanto agradar os outros antes de mim? Por que sou tão permissiva, tão refém da validação alheia? O que há de errado comigo?

E então, finalmente, abri a caixa.

O autoconhecimento nos ensina que tudo acontece de dentro para fora. E que, por mais que tentemos culpar o mundo, a responsabilidade pela vida que temos sempre esteve em nossas mãos.

Foi doloroso reconhecer que grande parte do que vivi não foi culpa dos outros, mas das escolhas que fiz e do modo como permiti que as coisas acontecessem. Foi desconfortável perceber que a nostalgia que sinto em relação à minha família vem, na verdade, de padrões disfuncionais que internalizei sem perceber.

É como se escamas caíssem dos olhos. De repente, enxergamos o que antes parecia invisível.

Meus pais foram os melhores pais que puderam ser, mas eu era uma criança, e as formas que encontraram para me educar deixaram marcas. Hoje entendo que a insegurança que me faz duvidar de cada escolha, que me impede de dar uma simples opinião, tem raízes profundas. Como posso ter voz agora, se nunca fui encorajada a tê-la antes?

A resposta? Cura.

Enquanto minha criança interior não for acolhida, enquanto eu continuar vivendo nos padrões antigos de silenciamento e indiferença, nada mudará.

O amor-próprio nunca esteve presente porque crenças limitantes me fizeram refém da minha própria mente. Mas agora eu sei: eu posso ressignificar essa história.

E sabe o que é mais poderoso? Eu posso dialogar com a minha mente. Sim, conversar com ela. Dizer que os pensamentos sabotadores não são mais bem-vindos, que o passado não define mais o meu presente, que eu escolho avançar, apesar de tudo. Minha vida é minha. Eu me escolho. Eu me perdoo. Eu sigo.

Não importa o que aconteceu nem qual foi a dor que me trouxe até aqui. O que importa é que estou viva e, sim, ainda posso ser feliz. E não apenas feliz. Posso ser inteira, protagonista, dona de mim.

Perdoe todos que ficaram no passado e siga em frente. Aprenda a dizer "não" quando precisar. Posicione-se.

Você nasceu para ser grande. Deus não o criou para ser pequeno, medíocre ou para viver à sombra do que lhe disseram que você é. Você é a imagem e semelhança do Criador. Você tem valor.

Seja você. Seja feliz.

Thaynara Moraes, diretora criativa

Por muito tempo, acreditei que o sucesso pessoal fosse uma equação simples. Eu tinha um plano, era disciplinada, focada, determinada. Fazia tudo "certo" e esperava que os resultados viessem na mesma medida. Mas a vida, com sua maneira sutil e certeira de ensinar, me mostrou que o sucesso não é uma linha reta, tampouco tem um destino final.

Minha trajetória sempre teve movimento. Sempre fui inquieta, buscava mais e queria entender o jogo antes mesmo de entrar nele. Passei por mudanças, por conquistas, por escolhas difíceis e, em determinado momento, percebi que a questão não era onde eu estava ou o que eu fazia, mas quem eu era em meio a tudo isso. Foi nesse mergulho, entre encontros e desencontros comigo mesma, que entendi: a chave para a realização não estava do lado de fora, mas do lado de dentro.

O autoconhecimento me tirou do piloto automático, me fez enxergar que minha potência não vinha apenas do que eu sabia ou fazia, mas do que eu sentia, do que eu queria e, principalmente, de como eu escolhia agir. Foi ele que me mostrou que minhas intuições eram mais do que simples palpites, eram meu diferencial. Que minha forma de enxergar além do óbvio era uma força, e não uma distração. Que minha paixão pelo que eu faço é o que torna meu trabalho autêntico e impactante.

Mas o autoconhecimento não veio sem dor. Olhar para dentro exige coragem. É desconfortável perceber que algumas certezas eram ilusões, que nem tudo em que acreditamos nos serve mais e que mudar de rota é necessário. Foi nesse processo de me desconstruir e me reconstruir que aprendi que nem sempre o caminho será claro, mas que, se eu estiver conectada comigo mesma, sempre saberei identificar o próximo passo.

E a verdade é que, quando nos conhecemos profundamente, a vida se expande. As oportunidades passam a ter propósito, as conexões se tornam mais genuínas, e cada escolha ganha um porquê. A ansiedade pelo futuro dá lugar à presença no agora. Cada dúvida, cada recomeço, cada inquietação, cada decisão me trouxe até aqui, um lugar onde meu autoconhecimento não é um detalhe, mas sim o que Eu Sou.

O caminho do autoconhecimento não é linear. Encarar nossas próprias sombras e nos desprender do que não nos pertence é a maior força para abraçar a nossa transformação. Porque, no fim, não se trata de "chegar lá", mas de se tornar, a cada dia, a versão mais poderosa de si mesmo.

Vanessa Pestana, fisioterapeuta

Sempre fui agitada. Daquelas que não param. Sempre com mil compromissos, a mente inquieta, os dias lotados. Estar em movimento era minha zona de conforto. Fui ensinada que isso era virtude: ser produtiva, boa, intensa. E acreditei.

O trabalho sempre foi parte central da minha vida. Sou fisioterapeuta, atendo pessoas com dor crônica e sempre fui movida por uma empatia sem limites. Doze, quatorze horas de trabalho por dia? Normal. Nos finais de semana, o silêncio me constrangia.

Mas havia algo ali. Uma inquietação que nem a rotina conseguia calar. Não era cansaço – era confusão.

E foi nesse momento que a vida me trouxe um presente inesperado: minha melhor amiga, Letícia, me deu uma vivência de autoconhecimento. Um treinamento de PNL.

Fui. Participei. E odiei. Achei um tédio.

Mas uma semente foi plantada – daquelas que dormem no escuro, mas germinam no tempo certo.

Voltei. Primeiro pelos livros, depois por outros processos. E o que parecia uma busca externa virou um mergulho interno. Fui tirando camadas. Doeu. A cura dói. Ninguém nos prepara para isso.

Descobri que minha empatia exagerada era, na verdade, um pedido silencioso de aceitação. Que a minha boazinha interior estava exausta de tanto agradar.

E foi então que percebi: fazer o bem para ser aceita não é bondade. É medo.

Meu perfeccionismo? Uma desculpa elegante para não tentar. Para não falhar.

Eu dizia que procrastinava por ser exigente demais, mas era insegurança. E novamente ele, o medo – do erro, do novo, do "não ser suficiente".

Cada camada arrancada revelava outra, mais profunda. A cada descoberta, uma nova versão de mim emergia – às vezes bonita, às vezes desconfortável, mas sempre verdadeira.

Percebi que vivia no papel da vítima. E, quando entendi isso, uma dor ainda maior surgiu: eu não sabia quem era fora desse papel.

Precisei reaprender a ser. Descobri que não sou feita de viradas de chave, mas de processos. Sou feita de passos lentos e profundos. E tudo bem.

No silêncio, finalmente ouvi. As respostas que eu buscava fora sempre estiveram dentro. Eu só não sabia escutar.

E quando achei que já tinha entendido tudo, veio mais uma revelação: eu tinha medo da minha própria potência.

Vi que me desafiava apenas para sair da inércia, que precisava de estímulos constantes.

E ali decidi: se é autoconhecimento, então que seja com autorresponsabilidade. Sem desculpas. Sem terceirizações. Me olhando de frente, com verdade.

Hoje, tenho clareza. A luz que existe em mim é maior do que qualquer sombra que tente me enganar.

E na mentoria com a Alê Vasques, pude acolher tudo isso com amor – sem vergonha, sem máscaras. Aprendi a ter sabedoria nas escolhas. Compreendi: minha identidade é viva, imperfeita e inteira.

Hoje eu digo com leveza e firmeza: eu sou a Vanessa Pestana. Linda, maravilhosa e (im)perfeita. Sei quem sou, de onde vim e para onde estou indo. Me desafio sem me anular. E, quando fraquejo, sei exatamente para onde voltar: para dentro de mim.

Veridiana Bitencourt, empresária

Sempre achei que ser *workaholic* e perfeccionista era uma grande qualidade. Mas esse processo me mostrou que, na verdade, eram prisões disfarçadas de virtude.

Nunca me priorizei. Meus filhos, meus pais e meu marido sempre vieram primeiro, e no meio disso fui deixando meus sonhos e minha identidade para trás. Minha autoestima era baixa e, sem perceber, fui construindo uma armadura para me proteger da vida.

Com a mentoria, comecei um processo intenso de redescoberta. Tenho aprendido a me enxergar com mais carinho, a me lembrar todos os dias do quanto sou incrível. No trabalho, entendi que minha necessidade de controle absoluto só me sufocava. Delegar era impensável antes, mas agora vejo que soltar o comando não significa perder, e sim permitir que as coisas fluam como precisam ser.

Mas nada disso seria possível sem estar em um ambiente seguro, um espaço onde pude falar sem medo, me questionar sem julgamentos e ser ouvida de verdade. Eu me permiti eliminar as camadas de proteção que carreguei por anos, sem a pressão de ser perfeita, sem a cobrança de já ter todas as respostas. Descobri que o autoconhecimento não é solitário; é um processo que se fortalece na troca, no acolhimento e na confiança.

Essa transformação não acontece da noite para o dia. Quero manter essa evolução constante, seguir aprofundando meu autoconhecimento e, acima de tudo, reservar um tempo para cuidar da minha mente.

Agradeço a Alê Vasques a oportunidade de recomeçar, porque sempre há tempo para mudar e viver de modo mais leve e autêntico.

E eu, Alê Vasques, também vou me redescobrindo em cada uma dessas histórias. Todos os dias, tenho mais motivos para celebrar quem me tornei – quem nos tornamos, juntas.

CAPÍTULO 11

CELEBRE QUEM VOCÊ SE TORNOU

Chegamos ao último capítulo deste livro, mas este não é um fim. É um convite para que você viva com intensidade, autenticidade e, acima de tudo, entusiasmo. Portanto, este é o momento em que tudo o que foi lido, vivido e sentido converge para um chamado final: entusiasme-se!

Em sua origem grega (*enthousiasmós*), entusiasmo significa "ter um deus dentro de si".[20] E é isto que eu desejo para você: viver com a alma vibrante, movida por algo maior, por aquilo que o faz se sentir vivo. Porque entusiasmar-se é se permitir ser tomado por um propósito, uma paixão que ilumina, transforma e nos leva a viver com significado. É sentir a vida pulsar em cada escolha, em cada passo, em cada momento. É dar mais significado àquela essência que clama por ser honrada, vivida e manifestada e percebe o quanto é INEGOCIÁVEL ser você.

Viver entusiasmado é vestir sua existência com coragem, liberdade e autenticidade. Não é evitar medos ou dúvidas, mas enfrentá-los com brilho nos olhos. É reconhecer que amar a si próprio é algo capaz de realizar milagres, porque é na aceitação de quem somos que encontramos forças para transformar tudo ao nosso redor.

---

[20] ENTUSIASMO. *In*: DICIONÁRIO etimológico. Disponível em: www.dicionarioetimologico.com.br/entusiasmo/. Acesso em: 9 abr. 2025.

O entusiasmo é o antídoto contra a paralisia, é o impulso que diz "eu estou aqui, e isso importa".

Portanto, entusiasme-se. Saiba deixar ir o que precisa partir, mas tome para si tudo o que é seu por direito: sua voz, sua liberdade, sua história. Celebre quem você é. Vista-se com a coragem de quem sabe que está aqui para fazer a diferença.

CELEBRE SUA VOZ

Aprendi com Rosely Boschini que as pessoas guardam grandes histórias dentro de si mesmas e que tais histórias podem transformar vidas e ajudar a humanidade a ser melhor, que devemos dar à luz essa história única. Por isso, desejo que sua voz nunca seja silenciada.

Porque você é suficiente; não precisa de máscaras, desculpas ou validações. Isso é ser leal à sua essência, é se entusiasmar. É aprender a se ouvir, se acolher e, sobretudo, se escolher. Afinal, como todo mundo, você carrega dentro de si esse poder único de impactar o mundo. Portanto, não subestime a força das suas palavras, das suas ações, da sua presença. Sua mensagem importa. Sua verdade importa. Você importa.

E o mundo não espera por ninguém, então sua história deve ser contada agora. Não termine seu caminho em silêncio, porque, se você partir sem mostrar sua essência, o mundo nunca saberá o que perdeu, e você nunca saberá o impacto que poderia ter causado.

Você chegou até aqui por um motivo – sincronicidade, eu diria. Não se acomode. Não se esconda de si mesmo.

CELEBRE SUA JORNADA

Respire fundo. Sinta.

Você chegou até aqui.

Cada escolha, cada questionamento, cada passo dado para dentro de si foi uma afirmação de poder. O poder de ser quem você realmente é. Agora é hora de celebrar. Não como um fim, mas como um recomeço. Um novo ciclo, no qual a vida deixa de ser um roteiro imposto e passa a ser uma experiência construída com intenção. Porque agora você se pertence.

Cada superação, cada resistência vencida, cada parte sua que foi resgatada – tudo isso merece ser reconhecido. Então, honre o caminho percorrido, honre cada escolha que o trouxe até aqui, honre a pessoa que você se tornou e, sobretudo, honre a sua verdade.

O que antes parecia dúvida agora é convicção. O que antes era insegurança agora é clareza.

Se antes buscava se encaixar, agora você ocupa o seu espaço. Se antes esperava a validação de alguém, agora você se basta. Se antes olhava para fora em busca de respostas, agora você se ouve.

Isso é liberdade. Isso é potência. Isso é viver a sua verdade.

O que você viveu nesta jornada não foi apenas um processo de entendimento. Foi um despertar.

Agora já sabe: você é a única pessoa capaz de escrever sua história, então seja sua melhor escolha, todos os dias. Seja leal à sua essência, sem concessões.

Porque a vida acontece no agora.

Então, celebre.

Celebre a coragem de ter se olhado de frente. Celebre a potência de ser quem você é. Celebre a liberdade de nunca mais precisar se abandonar. Celebre não só o que conquista, mas também o impacto que deixa.

Faça mais vezes aquilo que faz sua alma vibrar. Encontre aquilo que o apaixone, que o encha de vida, e faça disso uma parte essencial da sua existência. E aproveite cada momento, porque a vida é feita de detalhes: encontros, aprendizados, emoções e contribuições.

Que você encontre o entusiasmo que habita no infinito, onde ele pulsa, vibra e transforma.

Com carinho, Alê Vasques